全国职业院校智能网联汽车新形态工作手册式教材
全国技工院校智能网联汽车工学一体化教材

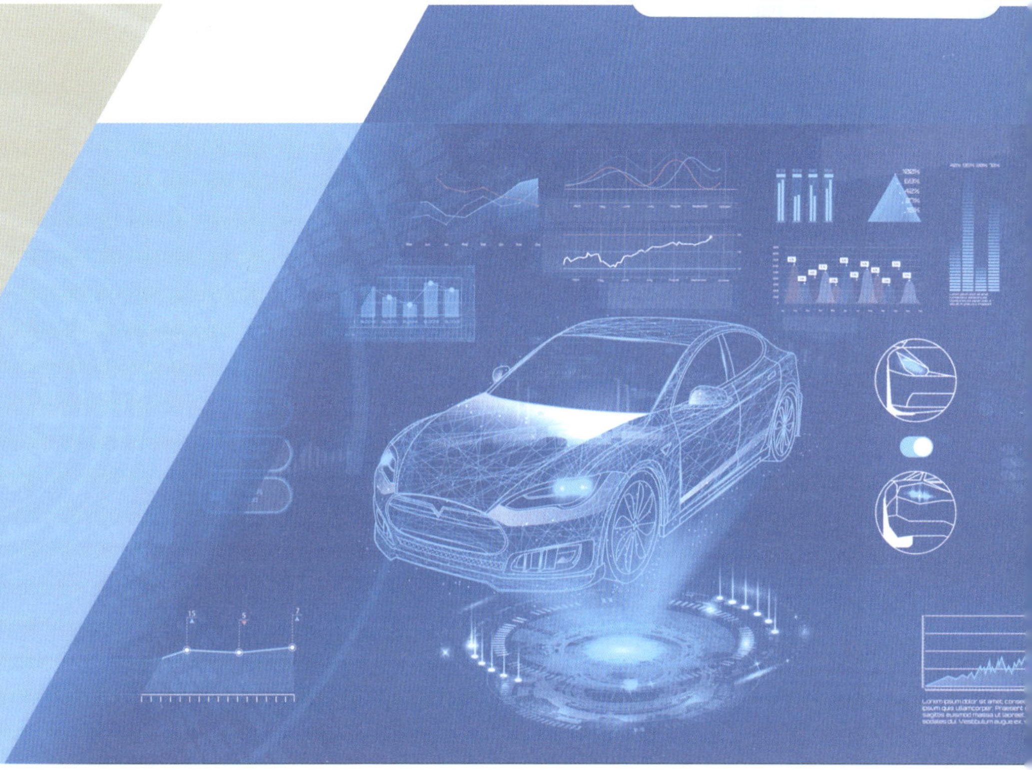

智能网联汽车整车综合测试

中德诺浩汽车职业教育研究院　组织编写

主　编　刘　锋　吕丕华
副主编　张　英　许智达　赵彦斌
参　编　姚小莉　蔚佳彤

中国劳动社会保障出版社

内容简介

本书以新一代汽车企业岗位（群）任职要求、职业标准、典型工作任务为主体内容，以“教、学、做”合一的形式编写而成，具有工作手册和教材的共同特征。全书共有 3 个情境、14 个任务，内容主要包括测试任务策划与车辆检查、先进驾驶辅助系统与自动驾驶系统整车综合测试、模拟仿真整车系统综合测试等。

本书可作为职业院校与技工院校智能网联汽车相关专业教学用书，也可作为汽车企业相关技术人员与社会人士培训参考用书。

图书在版编目（CIP）数据

智能网联汽车整车综合测试 / 刘锋，吕丕华主编 . -- 北京：中国劳动社会保障出版社，2024
全国职业院校智能网联汽车新形态工作手册式教材　全国技工院校智能网联汽车工学一体化教材
ISBN 978-7-5167-6163-2

Ⅰ. ①智…　Ⅱ. ①刘…②吕…　Ⅲ. ①汽车 – 智能通信网 – 测试 – 职业教育 – 教材　Ⅳ. ①U463.67

中国国家版本馆 CIP 数据核字（2024）第 050307 号

中国劳动社会保障出版社出版发行
（北京市惠新东街 1 号　邮政编码：100029）
*
三河市华骏印务包装有限公司印刷装订　　新华书店经销

880 毫米 ×1230 毫米　16 开本　13 印张　279 千字
2024 年 4 月第 1 版　　2024 年 4 月第 1 次印刷
定价：47.00 元

营销中心电话：400-606-6496
出版社网址：http://www.class.com.cn
http://jg.class.com.cn

前言

近年来，我国汽车产销总量连续位居全球第一，汽车产业已发展成为我国国民经济重要的战略性、支柱性产业。伴随新一轮科技革命和产业变革，智能网联汽车已成为全球汽车产业发展的战略方向。

党的二十大报告指出，“坚持把发展经济的着力点放在实体经济上，推进新型工业化，加快建设制造强国、质量强国、航天强国、交通强国、网络强国、数字中国”。国家发展和改革委员会等部门印发的《智能汽车创新发展战略》提出，“发展智能汽车，有利于提升产业基础能力，突破关键技术瓶颈，增强新一轮科技革命和产业变革引领能力，培育产业发展新优势”，具有重要的战略意义。与之呼应，汽车产业对于高素质技术技能型人才的需求越来越紧迫。

根据中共中央办公厅、国务院办公厅印发的《关于加强新时代高技能人才队伍建设的意见》，为贯彻落实全国职业教育大会精神，为我国汽车产业提供有力的人才和技能支撑，编者团队以岗位职业技能为核心，以优化课程结构、加强实践教学、突出能力培养和提高教材质量为突破口，编写了这套职业院校智能网联汽车新形态工作手册式教材。

本套教材融入企业新知识、新技术、新工艺、新方法，根据汽车产业链典型岗位工作标准，将智能网联汽车理论知识与实践应用有机结合，综合培养学生的专业知识、技术技能、职业道德等职业综合素质和行动能力，具有以下特点：

（1）产教融合，内容前瞻。集合职业院校与龙头企业等多方力量，依据职业教育国家专业教学标准，按照生产实际和岗位需求，将新技术、新工艺、新规范、典型生产案例纳入教材内容，对接职业标准和岗位（群）能力要求。

（2）理实结合，工学一体。以真实生产项目、典型工作任务等为载体，把握学生认知规律，体现先进职业教育理念，将工作过程和学习过程融为一体，培养学生的综合职业能力。

（3）模式先进，编排合理。采取行动导向教学模式，按照结构化、模块化、系统化的要求精心编排教材内容，满足项目学习、案例学习、模块化学习等不同学习方式的需求。

（4）形态创新，数字引领。采用工作手册式教材形式，图、文、表并茂，“岗课赛证”融通，配套数字资源形式多样、信息技术应用充分，附有专属二维码便于使用者浏览和学习，有效激发学生的学习兴趣和创新潜能。

（5）课程思政，导向明确。内容编写坚持正确的政治方向和价值导向，落实课程思政要求，弘扬劳动光荣、技能宝贵、创造伟大的时代风尚，培育劳模精神、劳动精神和工匠精神。

（6）彩色印刷，制作精良。全书采用彩色印刷，版面清晰，主题明确，满足理论及实训等多种教学场景。

本套教材可作为职业院校智能网联汽车相关专业核心教材，也可作为其他汽车类专业的专业课教材和拓展课教材使用，同时还可供从事汽车研究、设计、制造、使用和维修的工程技术人员学习和参考。

智能网联汽车技术是传统汽车技术与信息技术、人工智能、通信技术、传感器技术等新技术的深度融合，整个行业还在不断地创新探索技术和服务的内容、模式，加之编写团队水平有限，使本书在一些具体问题的处理上难免有不尽如人意之处，敬请广大读者批评指正！

《智能网联汽车整车综合测试》由江苏省盐城技师学院刘锋、中德诺浩（北京）教育科技股份有限公司吕丕华任主编，浙江机电职业技术学院张英，中德诺浩（北京）教育科技股份有限公司许智达、赵彦斌任副主编，浙江机电职业技术学院姚小莉、吉林交通职业技术学院蔚佳彤参加编写。

此外，本教材在编写过程中还得到了相关行业、企业，以及职业院校产、学、研各方面的专家和技术骨干的参与和支持，在此致以诚挚的谢意。

编　者

Contents 目录

情境一
测试任务策划与车辆检查

情境介绍

目前，新一轮科技革命和产业变革正在蓬勃发展，智能网联汽车（ICV，intelligent connected vehicle）已成为全球汽车产业发展的战略方向。智能网联汽车是集环境感知、规划决策、控制执行、信息交互等于一体的新一代汽车产品，可以提供更安全、更节能、更环保、更便捷的出行方式和综合解决方案。

整车综合测试是汽车新产品研制过程中的重要环节，测试结果应用于竞品分析、技术验证等多项工作。智能网联汽车综合运用了汽车电子、信息通信、人工智能等多项技术，车辆在行驶过程中驾驶员、车辆、道路环境以及通信网络等多方面因素相互作用，因此整车综合测试对于智能网联汽车尤其重要。

本情境有整车测试任务策划、车辆唯一性与外观检查、车辆底盘与安全装置检查、车辆尺寸参数测量与数据处理四个任务，内容包括整车测试任务书识读、测试标准查询、车辆唯一性检查、车辆底盘检查、轴距尺寸测量等内容。

情境目标

▸ 能根据整车测试任务书，快速确认测试任务信息，查阅测试标准，独立完成整车测试策划工作。

▸ 能按照车辆唯一性与外观检查工作流程，正确使用工具，与小组成员合作完成车辆唯一性检查与外观检查。

▸ 能按照车辆底盘与安全装置检查工作流程，正确找到对应零部件并进行相应操作，与小组成员合作完成车辆底盘检查与安全装置检查。

▸ 能根据车辆尺寸测量工作流程，正确使用测量工具，规范完成车辆尺寸测量与数据处理。

任务一
整车测试任务策划

任务导入

场景：某国产自主品牌汽车整车试验部

人物：主任试验工程师王工、实习试验技师小方

情节：目前新车型的试制工作已经完成，5台不同配置的试制样车已经完成了装车调试，技术开发部门今天正式向整车试验部发送了整车测试任务书。王工将试验任务书发给了小方，要求小方进行任务确认和测试工作策划。小方是第一次独立完成工作，对工作内容还比较陌生。如果你是小方，你将从哪里开始工作呢？

任务目标

▸能针对公司工程设计部门发放的测试任务书，按照智能网联汽车、先进驾驶辅助系统的概念知识与自动驾驶系统分类规则，准确获取相关信息并对测试任务进行确认。

▸能熟练使用计算机与互联网，运用汽车测试标准基本知识，针对测试任务快速查阅智能网联汽车整车测试标准并规范记录。

任务实施

（一）测试任务信息确认

1. 知识学习

（1）智能网联汽车定义与技术特点

智能网联汽车是指搭载先进的车载传感器、控制器、执行器等装置，融合现代通信与网络技术，实现车与 X（车、路、人、天气等）智能信息交换、共享，具备复杂环境感知、智能决策、协同控制等功能，可实现安全、高效、舒适、节能行驶，并最终实现无人操作的新一代汽车。图 1–1 所示为一辆智能网联汽车正在路口行驶。

图 1–1　一辆智能网联汽车正在路口行驶

智能网联汽车在技术上是自主式智能汽车与网联式智能汽车的结合。自主式智能汽车技术利用车载智能传感器，独立于其他车辆与设施进行车辆智能驾驶；网联式智能汽车技术利用附近车辆与路侧设施之间的通信获取周围交通信息实现车辆智能驾驶。两种技术在实现上的难点各不相同，各有利弊，目前主流的智能网联汽车综合采用这两种技术，使汽车的智能驾驶功能不断提升。

（2）先进驾驶辅助系统定义与分类

先进驾驶辅助系统（ADAS，advanced driver assistance system）是利用安装在车辆上的环境感知传感器、通信模块、计算平台及底盘执行装置等部件实时检测驾驶员、车辆和行驶环境，通过信息提醒以及对车辆进行运动控制的方式，辅助驾驶员完成驾驶任务，主动避免或减轻交通事故危害的先进汽车驾驶系统。

根据系统发挥作用的方式不同，ADAS 一般可分为预警系统与控制系统两大类。常见的 ADAS 见表 1–1。

表 1–1　常见的 ADAS

类别	ADAS
预警系统	前向碰撞预警、车道偏离预警、盲区预警、驾驶员疲劳预警、全景环视、胎压监测等
控制系统	车道保持、自动泊车辅助、自动紧急刹车、自适应巡航等

（3）智能网联汽车自动驾驶级别

智能网联汽车智能级别主要体现在替代驾驶员对车辆进行自动驾驶方面。

我国2021年发布了国家标准《汽车驾驶自动化分级》（GB/T 40429—2021），为汽车自动驾驶级别进行定义，将汽车的驾驶自动化等级分为0级驾驶自动化到5级驾驶自动化共6个级别。

1）0级驾驶自动化

0级驾驶自动化（应急辅助，emergency assistance）系统不能持续执行动态驾驶任务中的车辆横向或纵向运动控制，但具备持续执行动态驾驶任务中的部分目标和事件探测与响应的能力。0级驾驶自动化系统可感知环境并提供提示信息或短暂介入车辆控制以辅助驾驶员避险。

2）1级驾驶自动化

1级驾驶自动化（部分驾驶辅助，partial driver assistance）系统在其设计运行条件下持续地执行动态驾驶任务中的车辆横向或纵向运动控制，且具备与所执行的车辆横向或纵向运动控制相适应的部分目标和事件探测与响应的能力。在1级驾驶自动化系统运行时，驾驶员和驾驶自动化系统共同执行全部动态驾驶任务，并监管驾驶自动化系统的行为和执行适当的响应或操作。

3）2级驾驶自动化

2级驾驶自动化（组合驾驶辅助，combined driver assistance）系统在其设计运行条件下持续地执行动态驾驶任务中的车辆横向和纵向运动控制，且具备与所执行的车辆横向和纵向运动控制相适应的部分目标和事件探测与响应的能力。在2级驾驶自动化系统运行时，驾驶员和驾驶自动化系统共同执行全部动态驾驶任务，并监管驾驶自动化系统的行为和执行适当的响应或操作。

4）3级驾驶自动化

3级驾驶自动化（有条件自动驾驶，conditionally automated driving）系统在其设计运行条件下持续地执行全部动态驾驶任务。不同于1级驾驶自动化系统和2级驾驶自动化系统，在3级驾驶自动化系统工作时，主要由系统自主工作，驾驶员仅在必要时接管，进行人为干预。

5）4级驾驶自动化

4级驾驶自动化（高度自动驾驶，highly automated driving）系统在其设计运行条件下持续地执行全部动态驾驶任务，并自动执行最小风险策略。此处的“自动执行最小风险策略”意指驾驶员可以不对系统发出的介入请求进行响应，车辆会自行处置。该级别车辆上可以不配备车辆操控人员，真正做到“无人驾驶”。一些具备4级驾驶自动化系统的车辆直接取消了转向盘等人工驾驶部件，例如采用无人驾驶技术的园区接驳车等。

6）5级驾驶自动化

5级驾驶自动化（完全自动驾驶，fully automated driving）系统在任何可行驶条件下持续地执行全部动态驾驶任务，并自动执行最小风险策略。5级驾驶自动化系统与4级驾驶自动化系统最大的区别在于技术上，车辆在可行驶环境下没有设计运行范围的限制。一般可理解为无需在特定场景内行驶，可以不受限制的行驶在各种交通道路上（商业和法规因素等限制除外）。

驾驶自动化等级与划分要素见表 1–2。

表 1–2　驾驶自动化等级与划分要素

级别	名称	持续的车辆横向和纵向运动控制	目标和事件探测与响应	动态驾驶任务后援	设计运行限制
0 级驾驶自动化	应急辅助	驾驶员	驾驶员和系统	驾驶员	有限制
1 级驾驶自动化	部分驾驶辅助	驾驶员和系统	驾驶员和系统	驾驶员	
2 级驾驶自动化	组合驾驶辅助	系统	驾驶员和系统	驾驶员	
3 级驾驶自动化	有条件自动驾驶	系统	系统	动态驾驶任务后援用户（执行接管后成为驾驶员）	
4 级驾驶自动化	高度自动驾驶	系统	系统	系统	
5 级驾驶自动化	完全自动驾驶	系统	系统	系统	无限制（技术上）

由表 1–2 可见，在 6 个级别中，0 级到 2 级驾驶自动化系统是人类驾驶员的助手，只有配备 3 级驾驶自动化系统的智能网联汽车才能实现“人机共驾”，2 级到 3 级驾驶自动化系统是车辆智能水平的关键跨越点。自动驾驶对应的功能示例如图 1–2 所示。

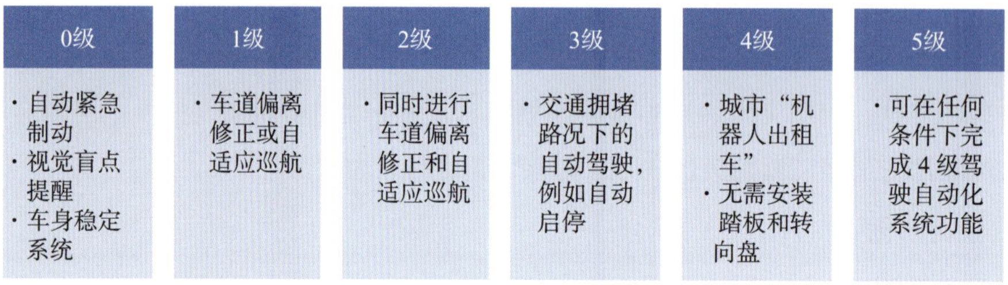

0级	1级	2级	3级	4级	5级
· 自动紧急制动 · 视觉盲点提醒 · 车身稳定系统	· 车道偏离修正或自适应巡航	· 同时进行车道偏离修正和自适应巡航	· 交通拥堵路况下的自动驾驶，例如自动启停	· 城市“机器人出租车” · 无需安装踏板和转向盘	· 可在任何条件下完成 4 级驾驶自动化系统功能

图 1–2　自动驾驶对应的功能示例

在应用方面，目前 2 级智能网联汽车已经成为市场主流车型，在高端车型中 3 级智能网联汽车正在逐步普及。4 级和 5 级目前正处于研发和小规模测试阶段，同时 4 级和 5 级的普及除了技术因素外，还要面临交通道路系统性改造、交通法规和车辆保险制度等多方面的适应性调整等问题。

随着包括综合测试技术在内的自动驾驶技术日益成熟，汽车向 5 级完全自动驾驶的进化道路已经明确，具有 5 级自动驾驶功能的概念车如图 1–3 所示，车辆无需人类驾驶员，并取消了转向盘等相应的驾驶装置，所有驾乘人员不再需要将注意力分散到车辆驾驶中，而是可以舒适地对坐交谈。

图 1-3　具有 5 级自动驾驶功能的概念车

（4）汽车开发流程

汽车开发流程一般采用 V 形开发模式，如图 1-4 所示。V 形开发模式从左向右为产品开发的全工作流程，分为 8 段共 9 个主要节点。V 形开发模式从表层到深入再到表层的过程代表每个阶段的工作内容，整车要求所提出的目标被逐层分解为零部件目标，在完成零部件工程设计后，依次从零部件目标到整车目标进行各项性能的验证，最终完成车辆投产与投放市场。

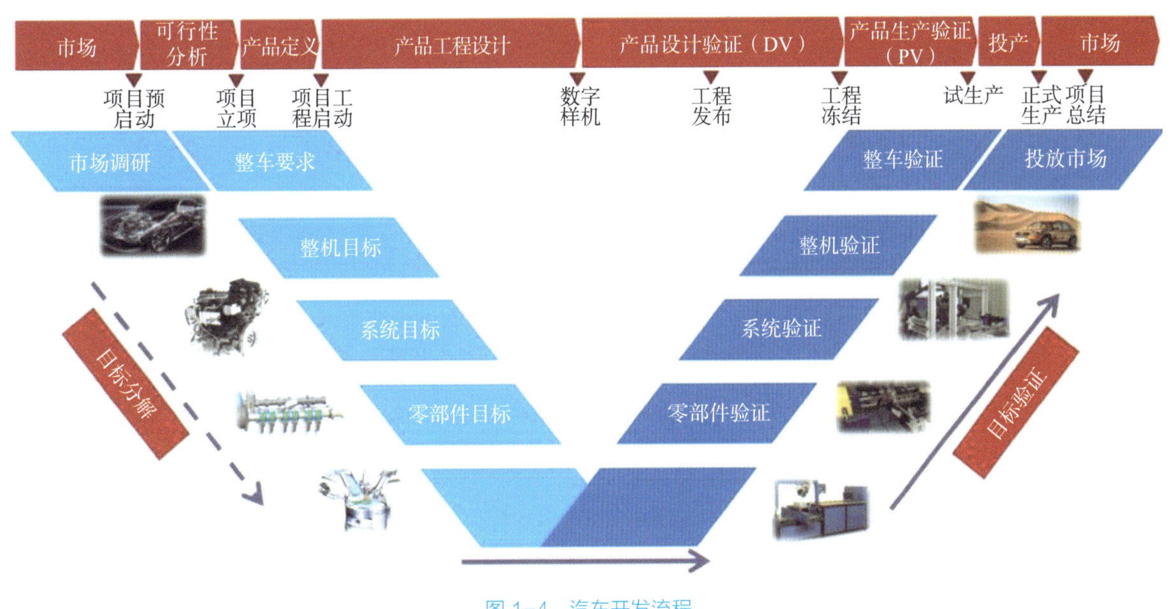

图 1-4　汽车开发流程

（5）汽车测试定义与应用环节

广义上汽车测试的定义包括汽车测试与汽车评价两个部分。汽车测试部分，狭义上汽车测试的定义，主要指使用专门的工具与仪器，在特定测试环境下对车辆的某项或某几项性能参数进行测量，供汽车评价使用。汽车评价主要指通过专门的方法与工具，分析和处理测试结果，对汽车进行量化评价（客观或主观）。

汽车测试工作贯穿于整个汽车开发流程之中，根据测试对象的不同，汽车测试可分为整车测试、系统测试、零部件测试；根据测试内容的不同，汽车测试可分为专项测试与综合测试。汽车专项测试主要有汽车能耗测试、噪声测试、排放测试等。汽车综合测试是针对车辆在道路行驶过程中的综合性能进行测试评价。

在产品开发 V 形模式中，有三个环节包含整车综合测试工作。

1）在产品定义阶段，测试对象主要为竞品车辆，目的是获取受到市场欢迎的其他公司产品的性能参数来定义新开发产品。

2）在车辆产品设计验证阶段，测试对象为新开发工程样车，目的是测试新产品各项性能是否达到产品开发要求，设计或改进工作成果是否有效，尽早发现车辆的设计缺陷与潜在故障，将测试结果与发现的问题以报告的形式提供给研发和质量部门，以便对车辆进行改进。

3）在产品认证阶段，测试对象为小批量生产样车，目的是对产品是否满足各项法规进行认证性试验，保证车辆满足国家法规要求。

上述三个阶段的整车综合测试工作分别被称为对标测试、研发测试与符合性测试，其中符合性测试又被称为产品定型测试。整车综合测试所属开发阶段见表 1-3。

表 1-3　整车综合测试所属开发阶段

测试类型	测试对象	目的	所属开发阶段
对标测试	一个或多个竞品车辆	获取竞品参数，设定开发目标	产品定义阶段
研发测试	工程样车	验证设计	产品设计验证阶段
符合性测试（产品定型测试）	小批量生产样车	满足法规要求	产品认证阶段

（6）智能网联汽车特性与测试类型

1）智能网联汽车特性

传统汽车整车综合测试的任务主要针对车辆动力性能、经济性能、制动性能等整车主要技术性能进行。传统汽车整车综合测试的评价对象是人 - 车二元独立系统，例如在汽车制动性能动态测试中，测试人员只要按照要求踩下制动踏板，车辆的制动距离和制动时间完全由车辆自身制动系统和轮胎等车辆自身因素决定。

智能网联汽车的驾驶系统属于人 - 车 - 环境 - 任务强耦合系统，测试中需综合考虑各类因素及其之间的相互影响，例如在进行基于视觉传感器的自动驾驶功能测试时，除了驾驶员与车辆因素以外，车辆前视摄像头的工作效果还会受到环境光线、车道线清晰度的影响。

2）智能网联汽车综合测试类型

智能网联汽车综合测试主要分为基于功能的测试和基于场景的测试两种类型。

基于功能的测试主要针对智能网联汽车自适应巡航（ACC）等各个 ADAS，通过不同的试验条件，

测试系统的性能指标是否满足设计要求。

基于场景的测试是通过模拟多种现实世界的交通场景，要求车辆完成某项特定目标或任务来测试车辆在各种复杂交通情况下的表现。测试场景一般包括道路设施（如路口、交通信号灯），环境天气，行人、其他车辆等交通参与者。基于场景的测试主要用于车辆高级别自动驾驶系统的测试。

根据技术手段与方法不同，智能网联汽车测试可分为模型在环测试、软件在环测试、硬件在环测试、车辆在环测试、封闭场地测试、开放道路测试等类型。

模型在环测试（MIL，model in loop）是指在模型层面上实现闭环控制，主要用于系统工程师验证控制算法。全部过程是在虚拟仿真环境下完成的。

软件在环测试（SIL，software in loop）是指对从控制算法的模型生成的软件代码进行验证。一般"模型"可通过 C 语言等程序设计语言转化为软件，软件在环测试验证代码的行为与模型在环测试下"模型"行为表现是否一致。SIL 用于验证算法，尽早发现编程阶段的算法缺陷和完成算法迭代更新。软件在环测试也是在虚拟仿真环境下完成的。

硬件在环测试（HIL，hardware in loop）是指将实物部件和软件模型组合起来，对硬件部件或控制系统进行测试的技术手段。硬件在环测试中，硬件部分是真实的物理部件，测试环境是虚拟的。例如，环境感知系统测试中，激光雷达与虚拟仿真软件连接，可以对激光雷达与相关环境感知功能进行测试。

车辆在环测试（VIL，vehicle in loop）是指将整车作为实物硬件连接到虚拟仿真测试环境中进行测试。车辆在环测试一般是将被测车辆放置在室内场地或轮毂平台上，综合测试车辆各部件在虚拟仿真环境下的性能。

封闭场地测试是指在专门建设的封闭测试场地，搭配具有相当真实度的道具或实物，模拟还原真实测试场景，实现车辆的综合性能测试。封闭场地测试周围所有物体均为实物，不是虚拟仿真系统产生的电子信号。

开放道路测试是指在特定区域内的真实交通道路上，对车辆在多个项目的功能性、安全性、可靠性等进行综合测试，主要测试项目包括交通信号识别及响应（包括交通信号灯、交通标志、交通标线等）、道路交通基础设施与障碍物识别及响应、行人与非机动车识别及响应（包括横穿道路和沿道路行驶等）、周边车辆行驶状态识别及响应（包括影响本车行驶的周边车辆加减速、切入、切出及静止等状态）、动态驾驶任务干预及接管、风险减缓策略及最小风险状态、自动紧急避险（包括自动驾驶系统开启及关闭状态）、车辆定位、联网通信等。开放道路测试最为真实，但是测试周期、安全性要求也最高。

在上述六个测试技术手段中，智能网联汽车整车综合测试主要采用封闭场地在环测试和开放道路在环测试进行，近年来随着虚拟技术的进步，整车综合测试也开始通过模型在环、软件在环、车辆在环等方式进行。在进行测试工作时，具体测试项目的选用由测试结果用途、测试周期要求等多种因素决定。

智能网联汽车各测试技术手段见表 1-4 中。

表 1-4 智能网联汽车各测试技术手段

测试类型	定义	测试系统组成	主要用途
模型在环测试	在模型层面上实现闭环控制	虚拟仿真系统	控制算法测试 整车算法综合测试
软件在环测试	对从控制算法的模型生成的软件代码进行验证	虚拟仿真系统	代码测试 整车代码综合测试
硬件在环测试	将实物部件和软件模型组合起来，对硬件部件或控制系统进行测试	硬件 + 虚拟仿真系统	硬件及控制系统测试
车辆在环测试	将整车作为实物硬件连接到虚拟仿真测试环境中进行测试	整车 + 虚拟仿真系统	车辆系统级别综合测试
封闭场地测试	在专门建设的封闭测试场地进行车辆综合测试	整车 + 高真实度物理环境	整车综合测试（基于功能的测试）
开放道路测试	在特定区域内的真实交通道路的上，对车辆多个项目的功能特性、安全性、可靠性等进行综合测试	整车 + 真实交通场景	整车综合测试

不同测试技术手段在智能网联汽车测试环节的位置如图 1-5 所示。

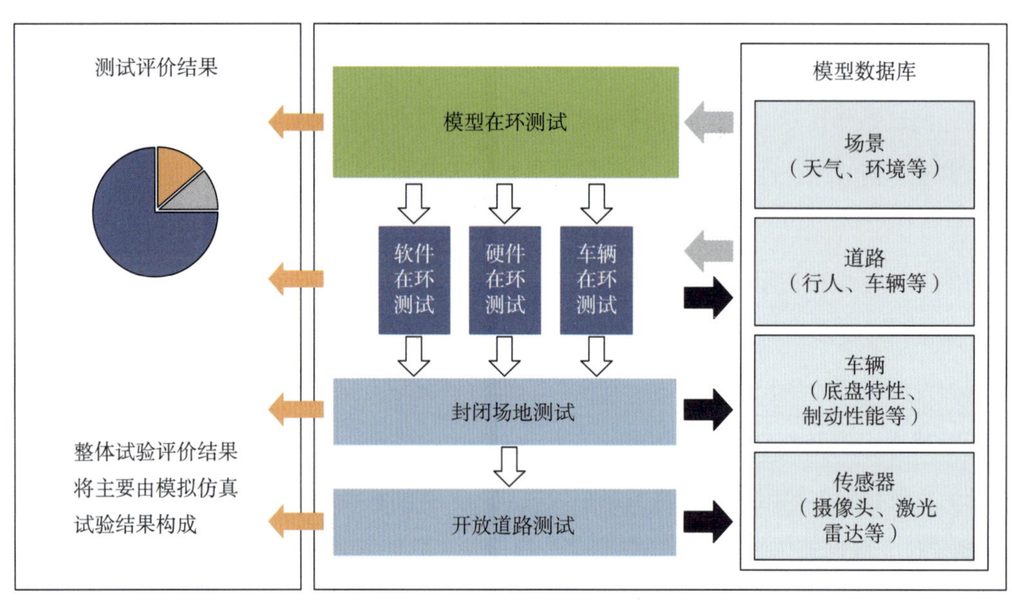

图 1-5 不同测试技术手段在智能网联汽车测试环节的位置

（7）整车综合测试任务书的识读

在汽车企业，整车综合测试任务一般由工程设计部门下发，接收单位为试验部（所）等相关部门。

整车综合测试任务确认的内容包括发布部门、发布人、发布日期、完成时间、测试对象、测试项目等基本信息。

测试方法、测试标准与注意事项由任务下发方或者试验部门根据具体情况提出，经过双方同意后确定。

智能网联汽车整车综合测试任务书示例见表 1-5。

表 1-5　智能网联汽车整车综合测试任务书示例

项目	内容	备注
发布部门	产品开发部	
发布人	李 ××	联系电话：134××××1289
发布日期	2023 年 8 月 3 日	
完成时间	2023 年 8 月 16 日	
测试对象	01 号开发样车与 02 号开发样车	共 2 台
测试项目	自适应巡航控制（ACC）系统测试	验证产品各项性能是否达到开发要求

2. 技能操作

（1）操作准备

准备技能操作所需的物料，见表 1-6。

表 1-6　物料准备

类别	所需物料
教学整车 / 实训平台	智能网联实训汽车或智能驾驶教学平台
仪器、设备、工具	纸、笔、智能网联汽车整车综合测试任务书

（2）测试任务书确认

根据整车测试任务书对各项信息进行确认，将工作内容记录在表 1-7 中。

表 1-7　工作记录表

序号	项目	内容	备注
1	发布部门		
2	发布人		
3	发布日期		
4	完成时间		
5	测试对象		
6	测试内容		

（3）测试任务初步策划

根据整车测试任务书，讨论测试任务策划方案，并将工作内容记录在表 1–8 中。

表 1–8　工作记录表

序号	项目	内容	备注
1	测试对象车辆类型	智能网联汽车□　传统汽车□	
2	测试内容所属 ADAS 及其类型	系统名称： 类型：	
3	测试对象车辆 自动驾驶级别	级别： 分类理由：	
4	测试所处开发阶段	对标测试□　研发测试□　符合性测试□	
5	测试任务类型判断	基于功能的测试□　基于场景的测试□	
6	测试方法建议	模型在环测试□　软件在环测试□ 硬件在环测试□　车辆在环测试□ 封闭场地测试□　开放道路测试□	

（二）测试标准查询

1. 知识学习

（1）测试标准类型

测试标准又被称为试验标准，相较于一般性的测试规范其具有权威性、通用性、先进性和相对稳定性等特征。测试标准一般会在五年或更短的时间内被修订一次，版本号随之更新。

如图 1–6 所示，汽车测试标准类型可分为以下几类。

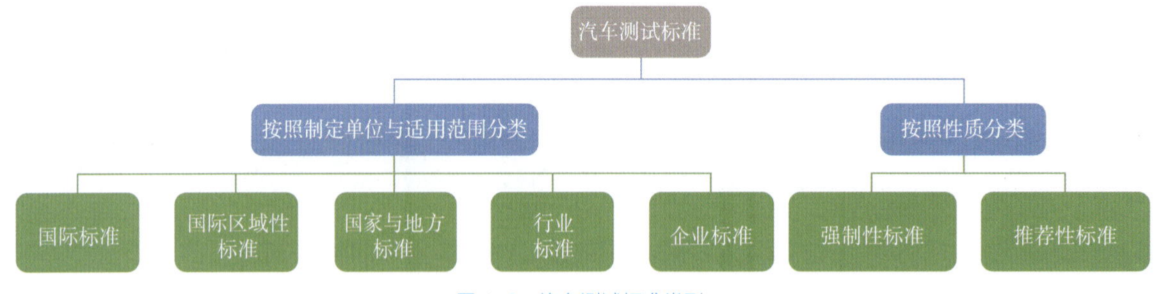

图 1–6　汽车测试标准类型

1）国际标准。国际标准是由国际标准化组织（ISO，international organization for standardization）制定的标准。ISO 是世界标准化领域中最大的国际组织。ISO 所制定标准的标准号均采用英文大写字母 ISO 开头。

2）国际区域性标准。国际区域性标准由国际上若干成员国共同参与制定并共同遵守的标准。

3）国家与地方标准。国家标准是世界各国根据自身国情制定的适用于本国的标准。我国国家标准简称 GB（“国标”的汉语拼音首字母），标准号采用 GB 开头。地方标准一般指我国各省市根据自身需要制定的标准。

4）行业标准。汽车行业标准是各国汽车行业为规范和指导行业各部门测试方法制定的标准。我国汽车行业标准简写为 QC（“汽车”的汉语拼音首字母），交通运输部为 JT。

5）企业标准。汽车企业标准是各大车企根据其产品、测试条件等因素所制定的仅限于在企业内部使用的标准。通常，企业标准严格于国际标准或国家标准，目的是确保企业产品质量高于行业水平。

6）强制性标准。强制性标准是为了保障人身健康、安全、保护环境、节约能源等而制定的强制执行的标准，此类标准具有法规效力。

7）推荐性标准。标准号中一般带有字母 T（“推荐”中“推”字的拼音首字母）的标准为推荐性标准。该类标准没有强制性，测试人员参照执行。近年来国家陆续发布各类智能网联汽车推荐性国家标准，相关标准因其权威性被作为除强制性标准外整车综合测试的首选标准。

智能网联汽车 ADAS 常用功能测试标准示例见表 1–9。

表 1–9　智能网联汽车 ADAS 常用功能测试标准示例

标准号	自适应巡航控制（ACC）	车道保持辅助（LKA）	盲区监测（BSD）
ISO 15622:2010	√		
ISO 11270:2014		√	
GB/T 20608—2006	√		
GB/T 39323—2020		√	
GB/T 39265—2020			√

（2）汽车测试标准基本内容

汽车测试标准的正文内容一般包括范围，规范性引用文件，术语、定义和符号，系统类型及状态，性能要求，性能评价的测试方法等六部分。

1）范围部分主要是简述该标准基本内容及用途。

2）规范性引用文件部分为该标准参考的权威标准列表。

3）术语、定义和符号部分是与该系统相关的名词、符号等统一和规范的定义与描述。

4）系统类型及状态部分包含 ADAS 分类和 ADAS 状态等内容。

5）性能要求部分是该 ADAS 关键性能指标及数值要求。该部分内容是综合测试的主要测试对象。

6）性能评价的测试方法部分是针对不同性能指标给出测试环境条件、方法与步骤等内容。

查阅汽车测试相关国家标准时，首先应确认标准是否适用，再明确所测试系统与标准中所述系统对应情况，最终确认测试目标及其对应测试方法。

（3）整车测试类国家标准查询方法

整车测试标准的查询分为登录标准查询网站、输入关键词（标准号）、过滤搜索结果、查阅标准信息和记录信息等 5 个步骤，如图 1–7 所示。

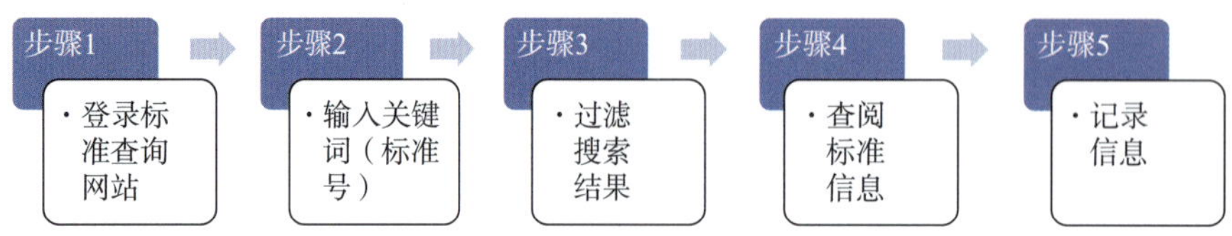

图 1–7　标准查询工作步骤

国家与地方标准的查询权威渠道是全国标准信息公共服务平台，如图 1–8 所示。

图 1–8　全国标准信息公共服务平台页面

搜索方式是在搜索栏输入标准关键词或标准号，单击“检索”按钮。例如搜索“自适应巡航”可获得如图 1–9 所示的搜索结果。

在搜索结果页面，可利用标准类型、标准性质、标准状态等条件对搜索结果进行过滤，如图 1–10 所示。注意，在选取标准用于汽车测试时，需优先选取现行国家标准。

单击计划采用的测试标准进行详细查看。标准信息页面如图 1–11 所示，页面主要包含标准名称、标准状态、基础信息、采标情况等。通过标准信息页可以完成以下两项工作。

通过标准状态栏进一步确认标准是否为现行标准。在基础信息部分获取标准号。

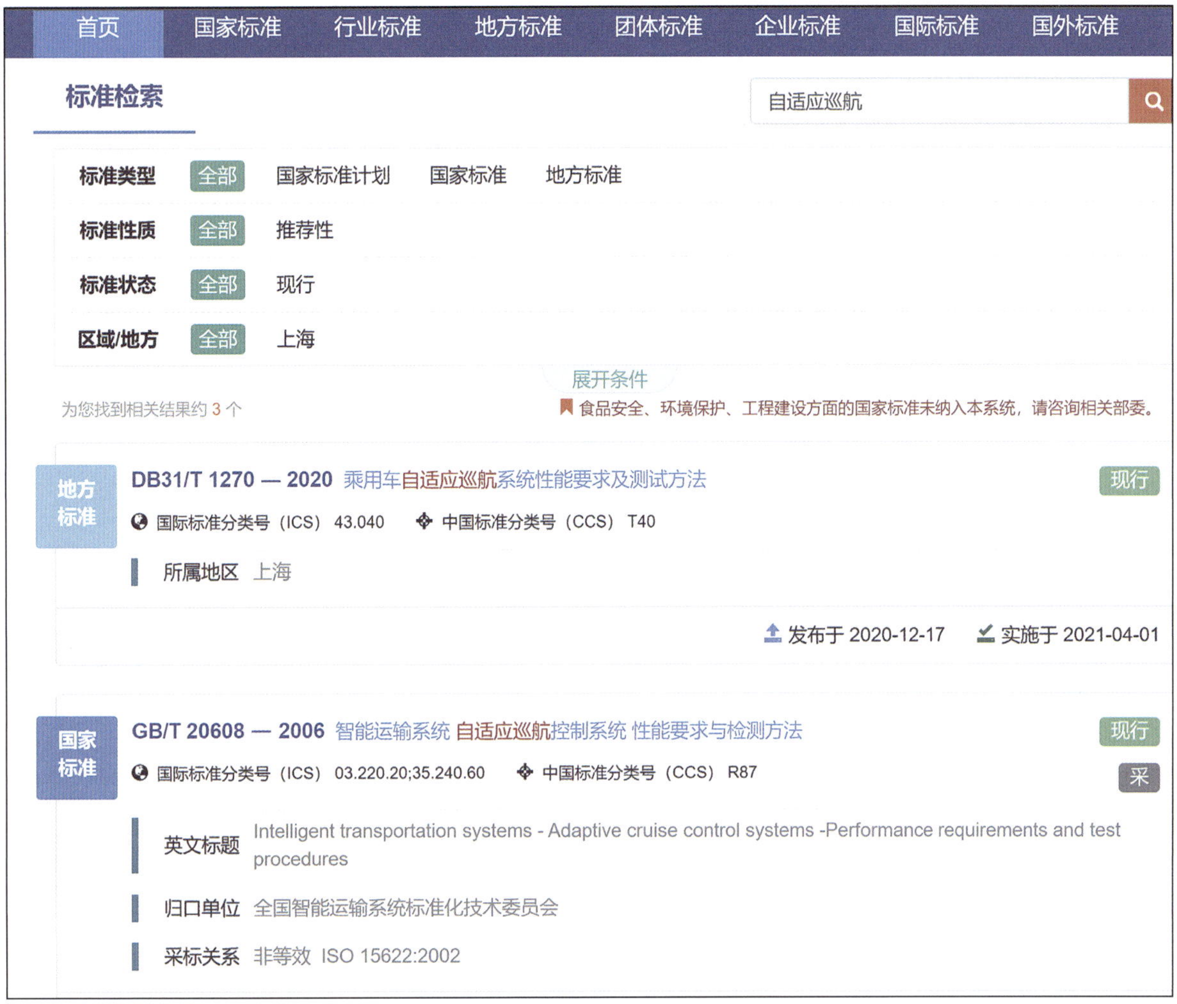

首页　国家标准　行业标准　地方标准　团体标准　企业标准　国际标准　国外标准
标准检索
自适应巡航
标准类型　全部　国家标准计划　国家标准　地方标准
标准性质　全部　推荐性
标准状态　全部　现行
区域/地方　全部　上海
展开条件
为您找到相关结果约 3 个
食品安全、环境保护、工程建设方面的国家标准未纳入本系统，请咨询相关部委。
地方标准
DB31/T 1270 — 2020　乘用车自适应巡航系统性能要求及测试方法
现行
国际标准分类号（ICS）43.040　中国标准分类号（CCS）T40
所属地区　上海
发布于 2020-12-17　实施于 2021-04-01
国家标准
GB/T 20608 — 2006　智能运输系统 自适应巡航控制系统 性能要求与检测方法
现行
采
国际标准分类号（ICS）03.220.20;35.240.60　中国标准分类号（CCS）R87
英文标题　Intelligent transportation systems - Adaptive cruise control systems -Performance requirements and test procedures
归口单位　全国智能运输系统标准化技术委员会
采标关系　非等效 ISO 15622:2002

图 1-9　标准搜索结果页面

标准类型　全部　国家标准计划　国家标准　行业标准　地方标准
标准性质　全部　推荐性　强制性　指导性技术文件
计划状态　全部　正在起草　正在征求意见　正在审查　正在批准　已终止
标准状态　全部　即将实施　现行　被代替　废止
行业分类　全部　JT 交通　CJ 城镇建设　AQ 安全生产　SN 出入境检验检疫　YD 通信　展开
区域/地方　全部　云南　上海　广东　重庆　泰州　安徽　吉林　黑龙江　山东　展开
ICS分类　全部　01_综合、术语学、标准化、文献　展开

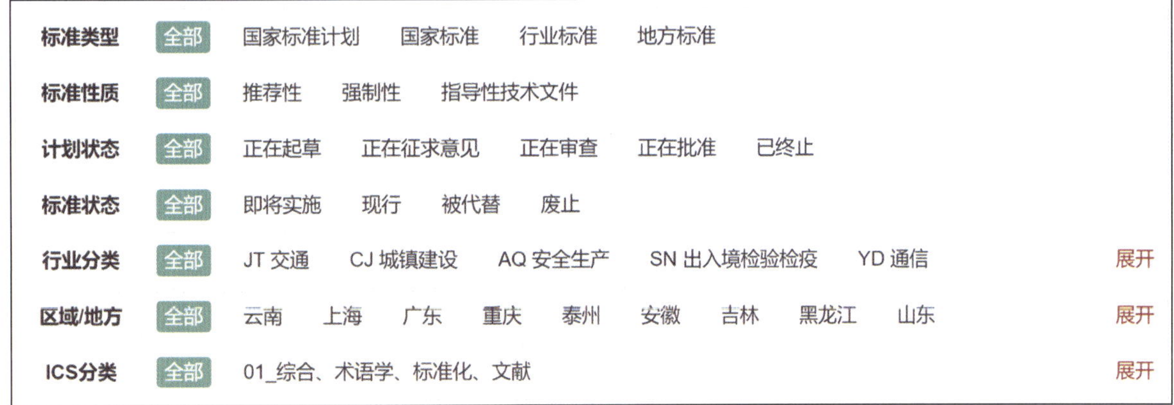

图 1-10　标准过滤条件

智能运输系统 自适应巡航控制系统 性能要求与检测方法
Intelligent transportation systems - Adaptive cruise control systems -Performance requirements and test procedures
国家标准 推荐性 现行

国家标准《智能运输系统 自适应巡航控制系统 性能要求与检测方法》由TC268（全国智能运输系统标准化技术委员会）归口上报及执行，主管部门为国家标准化管理委员会。

主要起草单位 交通部公路科学研究院、武汉理工大学。

主要起草人 李斌、吴涛、赵丽、应世杰等。

目录
1 标准状态
2 基础信息
3 采标情况
4 起草单位
5 起草人
6 相近标准(计划)

标准状态
发布于 2006-11-07 实施于 2007-04-01 废止

基础信息

标准号	GB/T 20608—2006	中国标准分类号	R87
发布日期	2006-11-07	国际标准分类号	03.220.20;35.240.60
实施日期	2007-04-01	归口单位	全国智能运输系统标准化技术委员会
		执行单位	全国智能运输系统标准化技术委员会
		主管部门	国家标准化管理委员会

采标情况
本标准非等效采用ISO国际标准：ISO 15622:2002。
采标中文名称:交通信息与控制系统 自适应巡航控制系统 性能要求与检测规程。

图 1–11 标准信息页面

世界各国之间标准一般相互借鉴，相互吸收彼此的优点。标准信息页中的采标情况介绍标准是否借鉴采用了相应的国际标准。此国际标准的信息可用于测试国外车型或者解读国外车型测试报告。

将标准查询结果进行规范记录，根据标准号在相应标准库调取计划使用的标准。

2. 技能操作

（1）操作准备

准备技能操作所需的物料，见表 1–10。

表 1–10 物料准备

类别	所需物料
教学整车 / 实训平台	联网的计算机
仪器、设备、工具	纸、笔

（2）汽车测试相关国家标准查询

查询标准号为 GB/T 12534—1990 的国家标准，将其信息记录在表 1–11 中。

表 1-11　标准信息记录表

序号	项目	内容	备注
1	查询网址		
2	是否输入正确的关键词	是□　否□	
3	标准搜索结果	标准搜索结果数量： 搜索获得的标准编号与名称：	
4	所查询标准的状态		
5	所查询标准的类型		
6	发布日期		
7	实施日期		
8	是否借鉴国外标准	是□　否□	
9	是否计划使用此标准及理由	是□　否□ 理由：	

（3）自适应巡航系统测试相关国家标准查询

查询标准名称为《乘用车自适应巡航系统性能要求及测试方法》的 ADAS 测试标准，将标准信息记录在表 1-12 中。

表 1-12　标准信息记录表

序号	项目	内容	备注
1	查询网址		
2	是否输入正确的关键词	所输入的关键词： 是□　否□	
3	标准搜索结果	标准搜索结果数量： 搜索获得的标准编号与名称：	
4	所查询标准的状态		
5	所查询标准的类型		
6	发布日期		
7	实施日期		
8	是否借鉴国外标准	是□　否□	
9	是否计划使用此标准及理由	是□　否□ 理由：	

（4）ADAS 测试相关国家标准查询

查询 ADAS 测试相关的国家推荐标准，将标准信息记录在表 1-13 中。

表 1-13 标准信息记录表

序号	项目	内容	备注
1	查询网址		
2	是否输入正确的关键词	所输入的关键词： 是□ 否□	
3	标准搜索结果	标准搜索结果数量： 搜索获得的标准编号与名称：	
4	所查询标准的状态		
5	所查询标准的类型		
6	发布日期		
7	实施日期		
8	是否借鉴国外标准	是□ 否□	
9	是否计划使用此标准及理由	是□ 否□ 理由：	

检查评估

对本任务的学习情况进行检查，并将相关内容填写在表 1-14 中。

表 1-14 检查表

检查项目	检查结果	结果点评
测试任务信息确认		
是否明确测试任务工作发布人员及部门	是□ 否□	
是否正确判断被测车辆自动驾驶级别	是□ 否□	
是否正确判断出测试任务类型	是□ 否□	
是否给出正确的测试方法建议	是□ 否□	
测试标准查询		
是否正确登录标准查询网站	是□ 否□	

续表

检查项目	检查结果	结果点评
是否成功查询标准信息	是□　否□	
是否完整规范地记录标准信息	是□　否□	
整理及恢复		
是否将工具、设备整理恢复	是□　否□	
是否将工作页填写完整	是□　否□	
是否将实训工位打扫干净	是□　否□	

任务小结

本任务小结如图 1-12 所示。

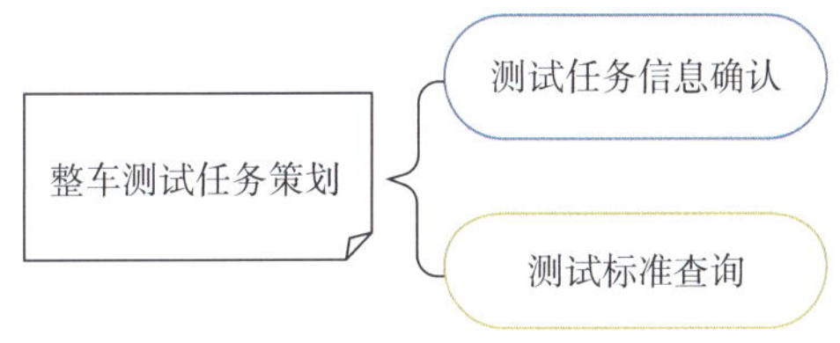

图 1-12　本任务小结

任务二
车辆唯一性与外观检查

任务导入

场景： 某国产自主品牌汽车整车试验部

人物： 主任试验工程师王工、实习试验技师小方

情节： 王工看到小方完成的测试工作策划后感到非常满意。由于本轮装车工作完成了多个车型的试制，在正式开始测试工作之前，王工指导小方首先要根据测试任务书明确待测车辆，再对车辆进行外观检查。如果你是小方，你将如何开始工作呢？

任务目标

▸ 能根据国家对汽车的分类标准和企业车辆标识相关标准，准确读取车辆唯一性标识并记录信息，独立完成车辆唯一性检查。

▸ 能按照测试车辆外观检查工作的流程，熟练使用工具，与小组成员合作完成测试车辆外观检查。

任务实施

（一）车辆唯一性检查项目

1. 知识学习

（1）汽车分类

汽车是人类社会重要的道路交通工具。为了给汽车的使用制定法规或进行产品描述，需要从多个角度对汽车进行分类，例如汽车的用途、动力源、乘客座位数、总质量、车身或驾驶室特点等。国家推荐

标准《机动车辆及挂车分类》(GB/T 15089—2001)对汽车的分类，见表 2-1。

表 2-1　汽车的分类

汽车类型		乘员座位数	最大设计总质量	示例
M 类（载客车）	M_1 类	<9	无要求	普通轿车
	M_2 类	>9	<5 000 kg	轻型客车
	M_3 类	>9	>5 000 kg	大型客车
N 类（载货车）	N_1 类	—	<3 500 kg	轻卡
	N_2 类	—	3 500~12 000 kg	中卡
	N_3 类	—	>12 000 kg	重卡

汽车根据动力源一般分为传统燃油车（汽油车与柴油车）与新能源电动汽车（纯电动汽车和混合动力电动汽车）。其中，纯电动汽车的驱动能量完全由电能提供，来源于车载可充电储能系统，如动力蓄电池；混合动力电动汽车的驱动能量来源于燃油与动力蓄电池等可再充电能。

智能网联汽车技术除应用在无人驾驶道路车辆上，还应用在无人配送车（兼具汽车、非机动车与机器人属性的运输工具）上，用于快递投送、生鲜与外卖配送、移动零售等场景。按照体积进行分类，无人配送车可分为个人配送设备（PDD，personal delivery device）与低速无人配送车。个人配送设备行驶区域为人行道，其具有体型较小、载重较轻、速度慢等特点，如图 2-1 所示。低速无人配送车行驶区域一般为非机动车道中的自行车道，其具有体积与载重较大、车速较快等特点，如图 2-2 所示。

a）

b）

图 2-1　无人配送车 - 个人配送设备（PDD）

a）快递投送无人车　b）外卖配送无人车

a）

b）

图 2-2　无人配送车 - 低速车辆

a）仓库内的快递投送无人车　b）在自行车道行驶的快递投送无人车

（2）车辆唯一性检查

整车综合测试工作中的车辆唯一性检查是对被测智能网联整车信息进行核查，以确认进行整车综合测试车辆的唯一性，确保所测对象为测试任务书中所要求的车辆，具体检查对象包括标识牌或号牌编号、车辆类型、品牌型号、车身主体颜色、发动机或电动机编号以及其他主要特征和技术参数。

我国机动车号牌上的编号分为两大部分，第一部分为机动车登记机构代号，字符位数为 2 位，分别由汉字和英文字母组成。汉字是各省、自治区、直辖市的简称，英文字母是车辆管理所的代号；第二部分号牌编号字符位数为 5 位，由阿拉伯数字或阿拉伯数字、英文字母组成。阿拉伯数字从 0 到 9 共 10 个，英文字母从 A 到 Z 共 26 个，其中 26 个英文字母中 O 和 I 不能使用。汉字和英文字母横向排列。颜色上，普通小型汽车号牌为蓝底白字，小型新能源汽车为渐变绿色底黑字。在整车综合测试中，因为车辆一般属于开发阶段样车，所以需向交通管理部门申请测试用临时号牌。在固定场地测试中，车辆会安装试验场地所发号牌以进行管理。其他测试场合，如在汽车研发机构内部，测试车辆一般会在前后风窗玻璃醒目位置贴上具有内部编号的标识牌以对车辆进行区别。

汽车发动机的主要动力技术参数包括发动机类型、汽缸直径与行程、总排量、发动机最大扭矩、发动机最大功率、进气方式、燃油喷射方式等。新能源电动汽车的主要动力技术参数包括驱动电机最大功率、最大扭矩等。

2. 技能操作

（1）操作准备

准备技能操作所需的物料，见表 2-2。

表 2-2　物料准备

类别	所需物料
教学整车 / 实训平台	智能网联实训汽车或智能驾驶教学平台
仪器、设备、工具	车辆技术手册、手电筒、工作手套

（2）被测车辆唯一性检查

对测试车辆进行唯一性检查，将工作内容记录在表 2-3 中。

表 2-3　工作记录表

序号	工作项目	工作内容	检查结果 是否与测试任务书一致	备注
1	车辆用途	载客□　载货□	是□　否□	
2	乘员座位数		是□　否□	
3	最大设计总质量		是□　否□	
4	车辆类型 （按 GB/T 15089—2001）		是□　否□	
5	车辆类型 （按动力来源）		是□　否□	
6	动力系统最大功率		是□　否□	
7	动力系统最大扭矩		是□　否□	
8	车辆标识牌、号牌固定位置		—	
9	车辆标识牌、号牌编号		是□　否□	
10	动力装置编号所在位置		—	
11	动力装置编号		是□　否□	

（二）车辆外观检查项目

1. 知识学习

（1）车辆外观检查对象及目的

车辆外观检查是通过目视的方式检查车辆外部照明与信号灯，车内仪表与中控屏，智能座舱，车辆环境感知传感器等项目。

车辆外观检查的目的有两方面，一方面用于确认车辆状态，保证车辆可以正常且安全的用于测试，另一方面用于测试后进行测试结果对比。

1）确认车辆状态

因为综合测试所用车辆一般为试制车间组装的样车甚至是研发用骡车。骡车是为了加快研发进度，在研发初期为了验证某个系统（例如驱动系统）的技术方案，进行专门改装，将新系统安装在原有车型上的测试车辆。因此必须要确认上述外观项目状态良好、工作正常，可以正常且安全的用于测试。

2）测试结果对比

整车综合测试除了获取相关性能测试结果外，车辆外观在测试前后的变化也为研发提供关键信息。例如某个部件外罩因道路测试发生严重污损，可能是该部件设计安装位置不当或周围密封装置设计不达标导致，如果发现此类问题，应及时写入测试报告并提交给产品设计部门。

（2）车辆外部照明和信号灯检查

车辆外部照明和信号灯根据安装位置不同可分为前部照明与信号灯、后部照明与信号灯，分别如图 2-3 和图 2-4 所示。

图 2-3　前部照明与信号灯

图 2-4　后部照明与信号灯

1）前部照明与信号灯

安装在车辆前部的照明与信号灯包含前照灯（近光和远光）、日间行车灯、前转向信号灯、前雾灯、前部危险信号灯、示廓灯等。

前部照明与信号灯主要用于照亮道路，让人类驾驶者和前视摄像头等能监视道路情况，及时看清障碍物并做出反应。对向来车的前照灯射出的灯光可以作为识别信号。前转向信号灯用于提示车辆前方和侧方的其他驾驶员或行人本车将改变行驶方向。前部危险信号灯用于向周围车辆发出警告。

2）后部照明与信号灯

安装在车辆后部的照明与信号灯包含后尾灯、后转向信号灯、制动灯、后雾灯、后部危险信号灯、倒车灯与后牌照灯。

后部照明与信号灯主要用于恶劣天气和夜晚标示汽车位置或提示车辆行驶方向。制动灯提示后方车辆本车是否在制动。转向信号灯提示后方及侧方车辆和行人本车将转向，以及是否遇到危险情况。倒车灯为驾驶员及自动泊车系统倒车时提供后方道路与障碍物的照明。

3）检查方法

整车综合测试前，外部照明与信号灯的检查一般包含照明功能检查、信号功能检查、开关检查等工作。

照明功能与信号功能检查需两人合作，一人位于车外下达各类灯光运行指令并检查灯光状态，一人位于车内根据指令控制灯光开关。进行车辆外部灯光检查时，各类灯光运行指令均有对应的手势，如图 2-5 和图 2-6 所示分别为远光灯和制动灯检查手势。不同公司对于灯光检查手势的规定存在差异，工作时需具体参考相关手册。

图 2-5 远光灯检查手势

图 2-6 制动灯检查手势

外部照明与信号灯开关一般为拨杆及旋钮，位于转向盘后方，检查时需确认开关是否与功能对应、反应是否灵敏、操作是否便捷，是否存在延迟或卡滞现象。

（3）组合仪表与中控屏检查

组合仪表与中控屏显示车速、车辆系统状态（例如电池电量）、驾驶辅助信息、故障指示等重要行车信息，是智能网联汽车主要的人机交互界面，如图 2-7 所示。

图 2-7 组合仪表与中控屏

测试人员在进行整车综合测试前需对组合仪表、中控屏以及其他控制按键进行信息显示与操控性检查。重点检查项目如下。

1）组合仪表与中控屏信息显示是否清晰，是否存在不正常闪烁。

2）各指示灯是否可正常显示，如转向指示灯等。

3）中控屏的触屏功能是否正常，反应是否灵敏。

（4）智能座舱检查

目前汽车的驾乘空间已经从传统的“驾驶室”转变为集合了多种智能驾驶功能的“智能座舱”，如图 2–8 所示。智能座舱主要由智能操控系统、信息娱乐系统、智能座椅系统、人机交互系统、生物信息感知系统、智能空调系统、车载通信系统、辅助电气系统等八个功能模块，以及车身内饰和门窗组成。

图 2–8　智能座舱外观

智能座舱检查工作主要是在停车状态下通过目视与操作的方式进行以下检查项目。

1）转向盘、加速踏板、制动踏板、换挡装置检查。要求转向盘转向管柱角度调整功能正常，转向盘游隙达标，如图 2–9 所示。加速踏板与制动踏板可使用正常力度踩下，无卡滞现象，踏板行程正常。换挡装置可正常使用，手感清晰，无卡滞现象，操控力度符合要求。

2）车辆喇叭检查。要求喇叭可正常工作。

3）遮阳板检查。要求遮阳板可在任意位置停住，可以左右上下翻动。

4）车内后视镜检查。要求车内后视镜表面清洁，后视镜角度可正常调节，如图 2–10 所示。如果车辆安装流媒体后视镜，需逐一检查后视镜的各项显示内容是否正常。

5）钥匙、门锁、车窗检查。要求机械钥匙与遥控器钥匙均可正常使用，车门落锁正常，车窗升降正常。

6）仪表台与车内储物盒（箱）检查。要求仪表台平整光洁、无划伤、无污渍、无翻边。车内各个储物盒（箱）开闭正常，如图 2–11 所示。

7）座椅检查。要求座椅前后、靠背角度调节功能正常。

8）其他检查项目。整体检查地毯、内饰件是否贴服、平整、可靠，是否有划痕和污损。车内是否有杂物、缺件、漏装等情况。

图 2-9　转向盘检查

图 2-10　车内后视镜检查

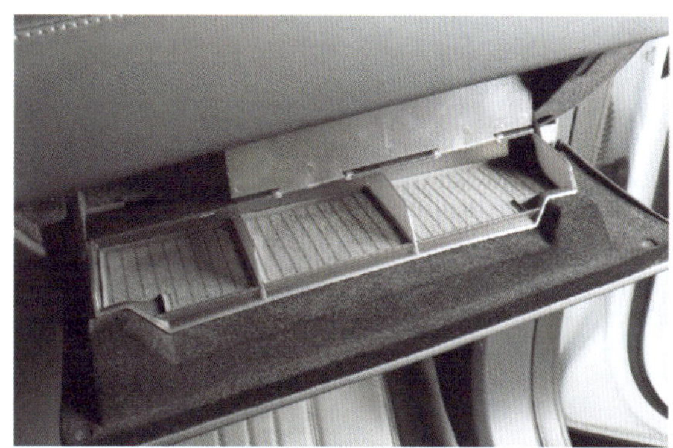

图 2-11　储物盒（箱）检查

（5）车辆环境感知传感器检查

为探测本车周围的车辆、行人与障碍物，智能网联汽车车身四周安装多种环境感知传感器，图 2-12 所示为车辆视觉传感器，图 2-13 所示为超声波雷达传感器。车辆环境感知传感器主要包括各类摄像头（视觉传感器）、毫米波雷达、超声波雷达，部分车型还安装有激光雷达。安装于车辆外侧的传感器是整车综合测试检查工作主要对象。

图 2-12　车辆视觉传感器

图 2-13 超声波雷达传感器

1）摄像头检查。智能网联汽车视觉传感器包括前视摄像头、环视摄像头、后视摄像头。前视摄像头安装在车内，前风窗玻璃后侧。后视摄像头又称倒车摄像头，安装在车辆后机舱盖上。环视摄像头一般为一组安装在前保险杠或前格栅以及车身侧面或车外后视镜上的摄像头装置。摄像头检查要求各个摄像头安装是否牢靠，镜头外罩无污损。

2）超声波雷达检查。逐一检查车辆前后左右四周各个超声波雷达探头相对车身表面是否安装平整，探头有无磕碰凹坑，探头表面是否存在污损。

3）激光雷达检查。检查激光雷达安装是否牢固，激光雷达外罩是否清洁。

（6）外观检查注意事项

检查人员应穿着工作服、工作鞋，衣着整洁，服装无纽扣、拉锁露在外部，不得佩戴戒指、镯子、项链等饰物，以免损伤样车零部件，应戴干净柔软的工作手套，准备好干净柔软的抹布。

检查工作采取先外后内、外部四方环绕的顺序。检查人员要认真完成各项检查内容，不得有遗漏项目，并对检查结果进行规范记录，遇到问题及时上报。

2. 技能操作

（1）操作准备

准备技能操作所需的物料，见表 2–4。

表 2-4 物料准备

类别	所需物料
教学整车 / 实训平台	智能网联实训汽车或智能驾驶教学平台
仪器、设备、工具	车辆技术手册、手电筒、工作手套

（2）检查工作准备

完成对车辆外观检查工作的准备，将工作内容记录在表 2–5 中。

表 2-5　工作记录表

序号	检查项目	检查内容	检查结果	处理意见
1	穿着	是否穿着工作服	是□　否□	
		是否穿着工作鞋	是□　否□	
		工作服是否清洁	是□　否□	
		工作服是否有纽扣和拉链外露	是□　否□	
		是否佩戴戒指、镯子、项链等饰物	是□　否□	
		是否戴好工作手套	是□　否□	
2	检查计划 工作顺序			

（3）车辆外部照明和信号灯检查

对测试车辆外部照明和信号灯进行检查，将工作内容记录在表 2-6 中。

表 2-6　工作记录表

序号	检查项目	检查内容	检查结果	处理意见
1	前照灯	左前照灯近光是否正常	是□　否□	
		右前照灯近光是否正常	是□　否□	
		左前照灯远光是否正常	是□　否□	
		右前照灯远光是否正常	是□　否□	
2	前转向信号灯	左前转向信号灯是否正常	是□　否□	
		右前转向信号灯是否正常	是□　否□	
3	日间行车灯	左前日间行车灯是否正常	是□　否□	
		右前日间行车灯是否正常	是□　否□	
4	前雾灯	左前雾灯是否正常	是□　否□	
		右前雾灯是否正常	是□　否□	

续表

序号	检查项目	检查内容	检查结果	处理意见
5	前部危险信号灯	前部危险信号灯是否正常闪烁	是□　否□	
6	前示廓灯	左前示廓灯是否正常	是□　否□	
		右前示廓灯是否正常	是□　否□	
7	后尾灯	左后尾灯是否正常	是□　否□	
		右后尾灯是否正常	是□　否□	
8	后转向信号灯	左后转向信号灯是否正常	是□　否□	
		右后转向信号灯是否正常	是□　否□	
9	制动灯	左后制动灯是否正常	是□　否□	
		右后制动灯是否正常	是□　否□	
		高位制动灯是否正常	是□　否□	
10	后雾灯	左后雾灯是否正常	是□　否□	
		右后雾灯是否正常	是□　否□	
11	后部危险信号灯	后部危险信号灯是否正常闪烁	是□　否□	
12	倒车灯	倒车灯是否正常	是□　否□	
13	后牌照灯	后牌照灯是否正常	是□　否□	
14	灯光控制开关	各开关是否与功能对应	是□　否□	
		各旋钮是否可以正常旋转	是□　否□	
		各操作杆是否可以正常拨动	是□　否□	
		各开关反应是否灵敏，是否存在延迟现象	是□　否□	
		各开关操作是否便捷，是否存在卡滞现象	是□　否□	

（4）组合仪表与中控屏检查

对测试车辆组合仪表与中控屏进行检查，将工作内容记录在表 2–7 中。

表 2–7　工作记录表

序号	检查项目	检查内容	检查结果	处理意见
1	组合仪表	仪表显示是否清晰	是□　否□	
		仪表信息显示内容是否与手册一致	是□　否□	

续表

序号	检查项目	检查内容	检查结果	处理意见
1	组合仪表	指示灯名称： 指示灯仪表显示检查，是否工作正常	是□　否□	
		指示灯名称： 指示灯仪表显示检查，是否工作正常	是□　否□	
		指示灯名称： 指示灯仪表显示检查，是否工作正常	是□　否□	
		指示灯名称： 指示灯仪表显示检查，是否工作正常	是□　否□	
		指示灯名称： 指示灯仪表显示检查，是否工作正常	是□　否□	
2	中控屏	中控屏显示是否清晰	是□　否□	
		中控屏显示画面是否完整	是□　否□	
		中控屏显示信息是否与手册相符	是□　否□	
		触屏功能是否正常	是□　否□	
		触屏反应是否灵敏	是□　否□	

（5）智能座舱检查

对测试车辆智能座舱进行检查，将工作内容记录在表 2–8 中。

表 2–8　工作记录表

序号	检查项目	检查内容	检查结果	处理意见
1	操纵装置检查	转向盘转动是否存在卡滞现象	是□　否□	
		转向盘管柱角度、高度调节功能是否正常	是□　否□	
		转向盘游隙是否达标	是□　否□	
		加速踏板是否可正常踩下	是□　否□	
		加速踏板踩下和回弹是否有卡滞现象	是□　否□	
		加速踏板行程是否正常	是□　否□	
		制动踏板是否可正常踩下	是□　否□	
		制动踏板踩下和回弹是否有卡滞现象	是□　否□	
		制动踏板行程是否正常	是□　否□	
		换挡操纵是否手感清晰，且无卡滞现象	是□　否□	

续表

序号	检查项目	检查内容	检查结果	处理意见
2	车辆喇叭	喇叭是否可以工作	是□ 否□	
		喇叭音量是否满足要求	是□ 否□	
3	遮阳板	遮阳板是否可以左右翻动	是□ 否□	
		遮阳板是否可以在任意位置停住	是□ 否□	
4	车内后视镜	表面是否清洁	是□ 否□	
		角度是否可正常调节	是□ 否□	
		显示信息是否正常（流媒体后视镜）	是□ 否□	
5	钥匙、门锁、车窗	钥匙是否可以正常使用	是□ 否□	
		各车门门锁是否可以正常工作	是□ 否□	
		各车门车窗是否可正常起落	是□ 否□	
		车窗完全开启和完全关闭两个极限位置是否到位	是□ 否□	
6	仪表台、储物盒	仪表台表面是否光洁、无划伤、无污渍、无翻边	是□ 否□	
		所检查储物盒位置： 储物盒是否可正常开闭	是□ 否□	
		所检查储物盒位置： 储物盒是否可正常开闭	是□ 否□	
		所检查储物盒位置： 储物盒是否可正常开闭	是□ 否□	
7	座椅检查	座椅是否安装到位	是□ 否□	
		靠背是否可正常调节	是□ 否□	
		前后是否可正常移动	是□ 否□	
8	其他	车内地毯是否平整	是□ 否□	
		内饰件是否平整	是□ 否□	
		车内是否有杂物	是□ 否□	
		目视检查是否存在缺件与漏装	是□ 否□	

（6）车辆环境感知传感器检查

对测试车辆环境感知传感器进行检查，将工作内容记录在表 2–9 中。

表 2-9　工作记录表

序号	检查项目	检查内容	检查结果	处理意见
1	环境感知摄像头	前视摄像头是否安装牢靠	是□　否□	
		前视摄像头镜头处是否清洁	是□　否□	
		前视摄像头是否工作正常	是□　否□	
		环视摄像头是否安装牢靠	是□　否□	
		环视摄像头镜头处是否清洁	是□　否□	
		环视摄像头是否工作正常	是□　否□	
		后视摄像头是否安装牢靠	是□　否□	
		后视摄像头镜头处是否清洁	是□　否□	
		后视摄像头是否工作正常	是□　否□	
2	超声波雷达	车辆四周雷达是否全部安装完毕	是□　否□	
		探头与车身是否平整	是□　否□	
		探头表面是否清洁	是□　否□	
3	激光雷达	雷达是否旋转正常	是□　否□	
		雷达外罩表面是否清洁	是□　否□	

检查评估

对本任务的学习情况进行检查，并将相关内容填写在表 2-10 中。

表 2-10　检查表

检查项目	检查结果	结果点评
车辆唯一性检查		
是否正确识别车辆类型	是□　否□	
是否找到标识牌与号牌并记录信息	是□　否□	
是否正确记录动力系统编号	是□　否□	
是否将检查项目填写完整	是□　否□	
车辆外观检查		
是否按照工作顺序进行检查	是□　否□	

续表

检查项目	检查结果	结果点评
是否将检查项目填写完整	是□　否□	
是否将检查记录填写完整	是□　否□	
整理及恢复		
是否将工具、设备整理恢复	是□　否□	
是否将实训工位打扫干净	是□　否□	

任务小结

本任务小结如图 2-14 所示。

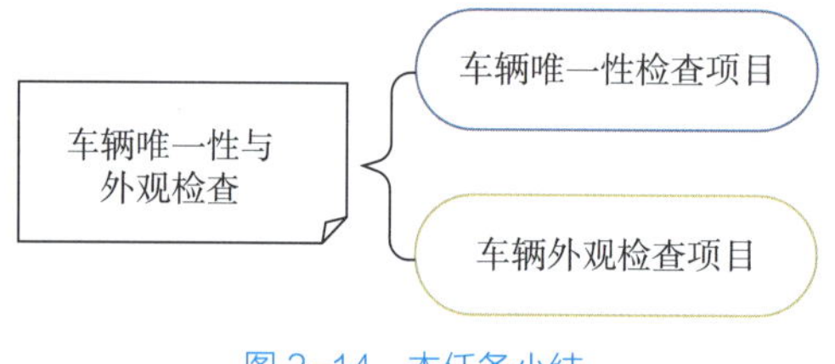

图 2-14　本任务小结

任务三 车辆底盘与安全装置检查

任务导入

场景： 某国产自主品牌汽车整车试验部

人物： 主任试验工程师王工、实习试验技师小方

情节： 小方在确认了车辆唯一性信息并完成了车辆外观检查后，准备正式开始测试工作。王工提醒小方，针对测试的准备工作还没有全部完成，仅对车辆外观进行检查是不够的，车辆底盘的技术状况对于测试工作非常重要，而车辆安全装置的状态更是与测试人员生命安全和公司财产密切相关，应予以高度重视和严谨对待。小方带着王工对自己严肃而又亲切的叮嘱开始了下一步检查工作，如果是你和小方在一个班组，你将如何进行工作呢？

任务目标

▸ 能按照车辆底盘检查流程，正确使用工具，规范且全面完成底盘系统的部件检查与动态检查。

▸ 能按照车辆安全装置检查流程，认真细致完成安全装置检查，确认安全装置的可靠性和便利性。

任务实施

（一）车辆底盘检查项目

1. 知识学习

（1）汽车底盘及其检查

汽车底盘由传动系部件、行驶系部件、转向系部件和制动系部件等四部分组成。对于智能网联汽车的智能驾驶系统，如 ADAS 或自动驾驶系统，车辆底盘属于智能驾驶系统的执行层，具有可靠执行系统决策层（计算平台）指令的功能，如图 3-1 所示。

图 3-1 某智能网联汽车底盘

车辆底盘的技术状态直接关系到整车综合测试能否安全顺利地开展，因此在测试前应严格对底盘检查。车辆底盘检查项目分为如下两大类。

1）底盘部件检查，包括传动系部件、行驶系部件、转向系部件和制动系部件检查。

2）底盘动态检查，包括转向功能、传动功能、制动功能检查。

（2）底盘部件检查方法

在检查底盘部件时，将车辆停放在地沟上方的指定位置，使用专用手锤等工具进行检查，并由操作人员配合。

1）传动系部件检查方法

汽车传动系统基本功能是将动力系统，即发动机或驱动电机发出的动力传递给车轮。

传动系部件检查应重点查看变速器、半轴等部件是否连接可靠；是否存在漏油现象；传动轴、万向节及中间轴承和支架不应有可视的裂损和松旷现象。传动系半轴检查如图 3-2 所示。

图 3-2 传动系半轴检查

2）行驶系部件检查方法

汽车行驶系部件主要包含车身、车轮与悬架系统，用于支撑全车及驾乘人员质量。

行驶系部件检查需查看车辆车身底部是否存在的裂纹、损伤及变形，悬架与车身之间的拉杆和导杆是否松旷或移位，减振器是否漏油，杆衬套是否出现开裂、与销轴分离等现象，行驶系悬架检查如图 3–3 所示。

图 3–3　行驶系悬架检查

3）转向系部件检查方法

汽车转向系部件是用于改变或恢复汽车行驶方向的底盘子系统。转向系部件主要由转向盘转向管柱、转向器、转向传动机构与转向助力系统组成。

检查转向系部件时，需查看转向系各部件是否存在松动、变形、开裂等现象，转向拉杆和球销总成是否存在损伤、松旷、严重磨损等现象，转向节臂、转向球销总成等连接部位是否存在松旷现象，转向过程中是否有干涉或摩擦现象，转向器、转向油泵、转向油管等是否有漏油现象。转向系转向拉杆检查如图 3–4 所示。

图 3–4　转向系转向拉杆检查

4）制动系部件检查方法

汽车制动系部件的功能是使车辆在行驶中减速和停车，在下坡行驶时保持车速稳定，并可以使已停车辆保持不动。制动系部件主要由制动助力装置、制动油路、制动器、制动力控制与调节装置等组成。

检查制动系部件时，需查看制动主缸、轮缸、管路等是否存在漏气、漏油现象，制动油管是否有老化、开裂、被压扁、鼓包等现象，制动系管路与其他部件是否有摩擦或固定松动现象。制动油管检查如图 3-5 所示。

图 3-5　制动系制动油管检查

（3）底盘动态检查方法

汽车动态检查主要对象为转向系部件、传动系部件和制动系部件。

1）传动系部件动态检查

驾驶车辆或者操控车辆行驶，起步并行驶到规定车速以上，方向为正直行驶，采用目视、耳听和操作感知的方式，检查车辆行驶是否平稳，是否存在异响。

2）转向系部件动态检查

驾驶车辆或者操控车辆行驶，起步并行驶到规定车速以上，绕行规定环形场地，采用目视、耳听和操作感知的方式，检查车辆的转向盘是否转动灵活，操作轻便，无卡滞现象，最大自由转动量符合要求。

3）制动系部件动态检查

驾驶车辆或者操控车辆行驶，以不低于规定车速直线行驶，双手轻扶转向盘，急踩制动踏板后迅速放松（用手柄控制的车辆，操纵控制手柄完成相应操作），查看车辆正常行驶时是否存在车轮卡滞、抱死现象；检查车辆制动时制动踏板动作是否正常，响应是否迅速，有无转向盘抖动和车辆跑偏等现象。

在进行底盘动态检查时，操作的同时要观察仪表台各仪表指示灯是否工作正常。

2. 技能操作

（1）操作准备

准备技能操作所需的物料，见表 3–1。

表 3–1　物料准备

类别	所需物料
教学整车 / 实训平台	智能网联实训汽车或智能驾驶教学平台
仪器、设备、工具	车辆技术手册、手电筒、工作手套、专用手锤

（2）底盘部件检查

完成对测试车辆底盘部件检查工作，将工作内容记录在表 3–2 中。

表 3–2　工作记录表

序号	检查项目	检查内容	检查结果	处理意见
1	传动系部件检查	变速器与半轴是否连接可靠	是□　否□	
		传动系部件是否存在漏油现象	是□　否□	
		传动系部件是否存在裂损现象	是□　否□	
		传动系部件是否存在松旷现象	是□　否□	
2	行驶系部件检查	行驶系部件是否存在裂纹现象	是□　否□	
		行驶系部件是否存在损伤现象	是□　否□	
		行驶系部件是否存在变形现象	是□　否□	
		悬架系统拉杆与导杆是否存在松旷和移位现象	是□　否□	
		减振器是否存在漏油现象	是□　否□	
		衬套是否存在开裂现象	是□　否□	
3	转向系部件检查	转向系部件是否存在松动、变形、开裂等现象	是□　否□	
		转向拉杆与球销总成是否存在损伤现象	是□　否□	
		转向拉杆与球销总成是否存在松旷现象	是□　否□	
		转向系部件运动时是否存在干涉现象	是□　否□	
		转向系部件运动时是否存在摩擦现象	是□　否□	
		转向器、转向泵、转向油管是否漏油现象	是□　否□	

续表

序号	检查项目	检查内容	检查结果	处理意见
4	制动系部件检查	制动主缸、轮缸、管路等是否存在漏气、漏油现象	是□　否□	
		制动软管是否有老化、开裂、被压扁、鼓包等现象	是□　否□	
		制动系管路与其他部件是否存在摩擦现象	是□　否□	
		制动系管路与其他部件是否存在固定松动现象	是□　否□	

（3）底盘动态检查

完成对测试车辆底盘动态检查工作，将工作内容记录在表 3-3 中。

表 3-3　工作记录表

序号	检查项目	检查内容	检查结果	处理意见
1	传动系部件动态检查 行驶车速：	车辆行驶是否平稳，是否存在卡顿现象	是□　否□	
		车辆底盘是否存在异响	是□　否□	
2	转向系部件动态检查 行驶车速： 行驶场地：	转向盘是否灵活	是□　否□	
		转向操纵杆（车辆无转向盘的车型）是否灵活	是□　否□	
		车辆对转向操纵是否灵敏	是□　否□	
		转向操纵是否轻便，是否存在卡滞现象	是□　否□	
		转向盘最大自由转动量是否符合要求	是□　否□	
3	制动系部件动态检查 最高车速：	是否完成急踩快放操纵动作	是□　否□	
		车辆是否正常制动	是□　否□	
		车辆制动时是否存在转向盘抖动现象	是□　否□	
		车辆是否存在制动跑偏	是□　否□	
		车辆制动踏板是否动作正常、车辆响应迅速	是□　否□	
4	仪表与指示灯	仪表与指示灯是否工作正常	是□　否□	

（二）车辆安全装置检查项目

1. 知识学习

（1）车辆安全装置定义与分类

汽车安全装置是用于保护驾乘人员以及车辆的多种安全设备和系统的统称。由于整车综合测试需要完成多种极限驾驶动作（如高速行驶、紧急制动），验证多项存在危险性的先进驾驶辅助功能，因此车辆安全装置显得格外重要，需要在测试前准备工作中严格进行检查。

用于整车测试的智能网联试验车辆基本安全装置可分为被动安全类装置、驾驶员提示类装置、车辆标识类装置、紧急处置类装置、行驶记录类装置、安全制动类装置、测试专用类装置共七个大类，见表 3–4。

表 3–4　测试用车安全装置分类

序号	类别	说明	常用安全装置
1	被动安全类装置	用于发生车辆碰撞事故时保护驾乘人员安全	汽车安全带
2	驾驶员提示类装置	用于对驾驶员车辆超速等安全隐患进行提示	车速限制、报警装置
3	车辆标识类装置	用于在环境中标识本车，使其他车辆的驾驶员及时察觉，避免碰撞	应急停车安全附件、车身反光标识
4	紧急处置类装置	用于发生事故后，对车辆和人员进行紧急处置，降低人员与财产损害程度	灭火器、应急锤
5	行驶记录类装置	用于对车辆状态进行记录，分析安全事故原因	行车记录装置
6	安全制动类装置	用于在各种情况下使车辆能够安全降低车速以及停车	急停按钮
7	测试专用类装置	采用专门改装技术以保障整车测试时人员安全的装置	防滚架

（2）车辆安全装置检查方法

1）汽车安全带检查

汽车安全带是为了在碰撞时对驾乘人员进行约束，避免碰撞时驾乘人员与转向盘、仪表板等发生二次碰撞或避免碰撞时冲出车外导致死伤事故的安全装置。

汽车安全带应进行目视和操作检查，要求安全带完好且可以正常使用，不得有坐垫等物品遮挡安全带插扣，如图 3–6 所示。

2）车速限制、报警装置检查

车辆车速限制、报警装置用于在车辆行驶速度超过驾驶员预先设定的速度限制后，发出蜂鸣警示音提醒驾驶员减速或自动进行车辆限速行驶的安全装置。常见的车速限制、报警装置有车辆预装系统与外部加装两种形式，两种装置外观分别如图 3–7 和图 3–8 所示。外部加装限速系统显示屏一般位于驾驶员视野斜前方的仪表板上。

检查车速限制、报警装置时，可通过查看车辆技术手册等技术资料、目视和操作的方式进行，主要检查内容为是否符合说明书所列安装要求，设备连接和固定是否牢靠，速度等信息显示是否正常，是否可正常提示，提示音音量是否可以对驾驶员起到警示作用；有车速限制装置的车辆，车辆速度是否可以被控制在设定的范围之内。

图 3–6　安全带插扣检查

图 3–7　车辆预装限速系统

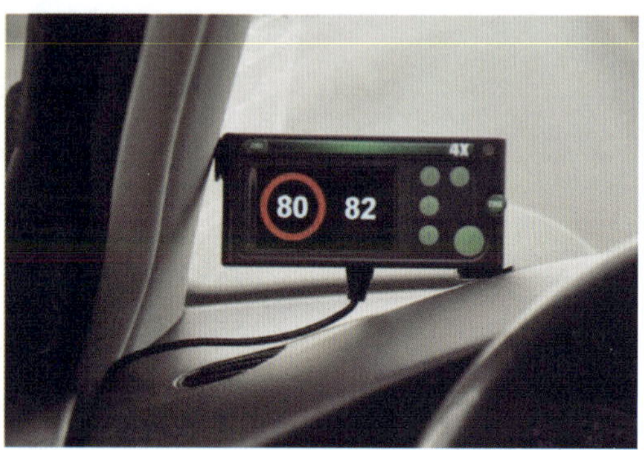

图 3–8　外部加装限速系统

3）车辆标识装置检查

常用车辆标识装置主要有应急停车安全附件和车身反光标识。

普通轿车的应急停车安全附件为三角警告牌，如图 3–9 所示。当车辆在道路上因故障维修紧急停靠时，三角警告牌被竖立在车辆后方规定距离的地面上，用于发出警告信号，表示前方有停驶车辆存在，以防止后车制动不及时追尾造成事故。

警告牌的外观、形状应符合国家标准《机动车用三角警告牌》（GB 19151—2003）中的规定。在检查时，应通过目视检查警告牌各部件是否完整，反光部件是否牢靠，立于地面时是否具有良好的稳定性，与地面角度是否接近垂直。

图 3-9　三角警告牌

车身反光标识是采用胶布粘贴或者磁吸的方式附着在车辆侧面和尾部，如图 3-10 所示，用于提示其他车辆和行人，防止发生碰撞事故。车身反光标识和尾部标志板的检查主要是车身粘贴位置、材料反光性能、粘贴牢固性、表面清洁度四个方面，要求符合企业或国家推荐标准相关要求且各标识与车身附着牢固，表面无污损。

图 3-10　车身反光标识（胶带）

4）紧急处置装置

车辆紧急处置装置包括灭火器和应急锤等。

普通轿车常用灭火器主要是手提式干粉灭火器和水基型灭火器。灭火器的检查主要是查看灭火器类型，是否在有效期内，在车内固定是否牢靠，取用是否方便。

应急锤用于驾乘人员在车门难以打开或车窗难以降下时紧急破窗使用的装置。应急锤的检查重点是查看装置是否完好，在车内固定是否牢靠，取用是否方便。

5）行驶记录装置

行车记录装置是由摄像头及数据存储器等组成的设备，用于对车辆行驶过程进行外部状况（主要是车辆正前方）录音与录像记录，这些记录可用于发生事故的责任判定与整车测试过程记录分析，也称为行车记录仪。行车记录仪一般贴附在汽车前风窗玻璃靠上位置，如图 3–11 所示。

图 3–11　行车记录仪

行车记录仪的检查主要是查看设备可否正常开启，存储状态是否正常，设备线束连接是否牢固，时间、车速、设备状态（如电量、通信信号强度）等信息显示是否正常，摄像头是否完好无污损。

6）急停按钮

具有自动驾驶功能的车辆以及无人配送车都装有急停按钮作为安全装置。根据国家标准，急停按钮在形状、安装位置上应为高度可见，其外观特征为红色蘑菇头，如图 3–12 所示。常见尺寸有 29 mm、30 mm、40 mm 或 60 mm。按下急停按钮，可以使驾驶员或管理人员预判到危险，进行车辆紧急减速制动，无需采用通常的自动驾驶系统制动或退出程序。

检查急停按钮时，主要包括识别按钮，确认按钮的安装位置，确认按钮是否便于车辆操纵人员使用，以及急停按钮的功能是否正常。

7）防滚架

在整车测试时，为了保障试验人员的安全，测试部门在一般安全装置的基础上对车辆进行适度改装或加装，在此类装置中较为典型的装置是防滚架。如图 3–13 所示，汽车防滚架为一组可拆卸的钢管组件，在座舱内依据其内部形状进行连接，目的是当车辆因为事故发生翻覆甚至侧滚后，保护驾乘人员不会由于车身变形受到伤害。另外，防滚架在赛车领域应用也非常普遍。

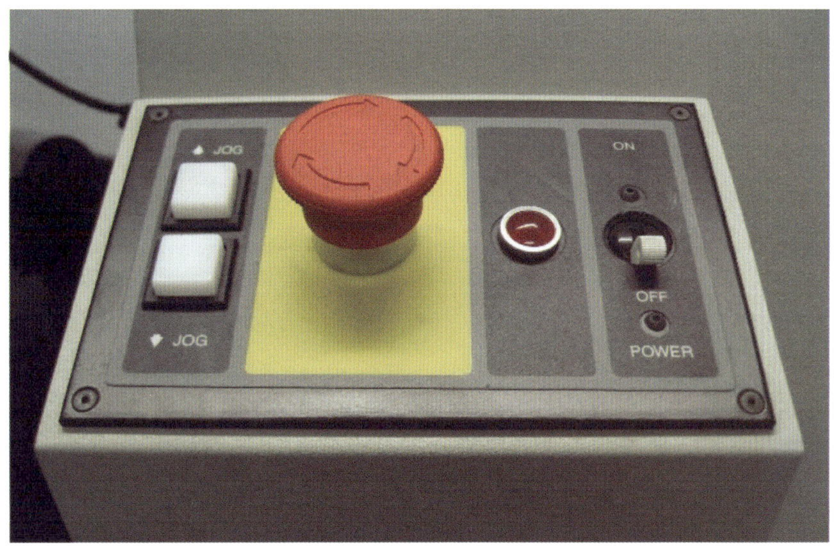

图 3-12　急停按钮

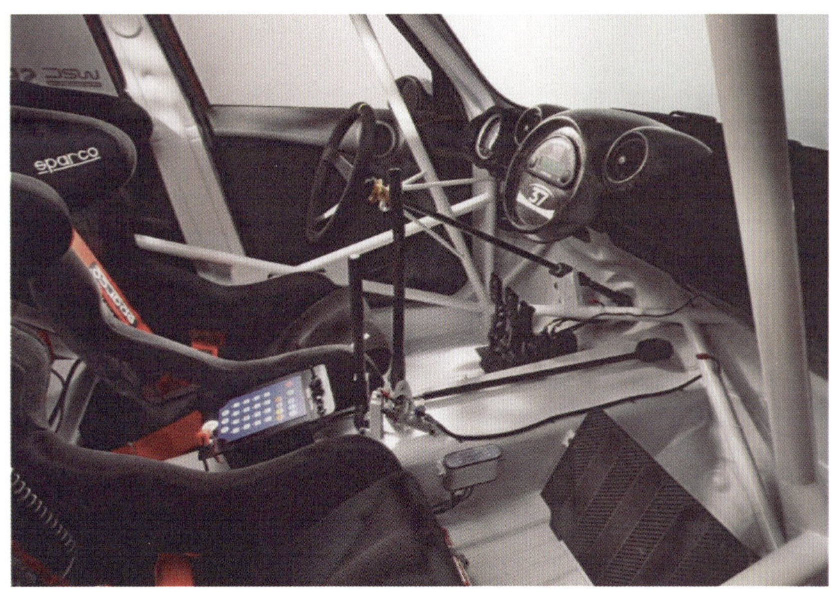

图 3-13　汽车防滚架

检查防滚架时，主要是通过目视和操作的方式，检查防滚架连接是否牢靠，防滚架对进出车辆是否造成影响，防滚架对驾驶员各方向视野是否造成阻挡。

当测试车辆没有加装防滚架时，测试人员应注意查看驾乘人员两侧及头部上方是否有车身结构件保护，可通过用手晃动和检查连接点的方式查看车身是否牢固。如图 3-14 所示，测试车辆上部、前部和驾驶员位置的车身管柱可以起到防滚架的作用，从而有效保护驾乘人员安全。

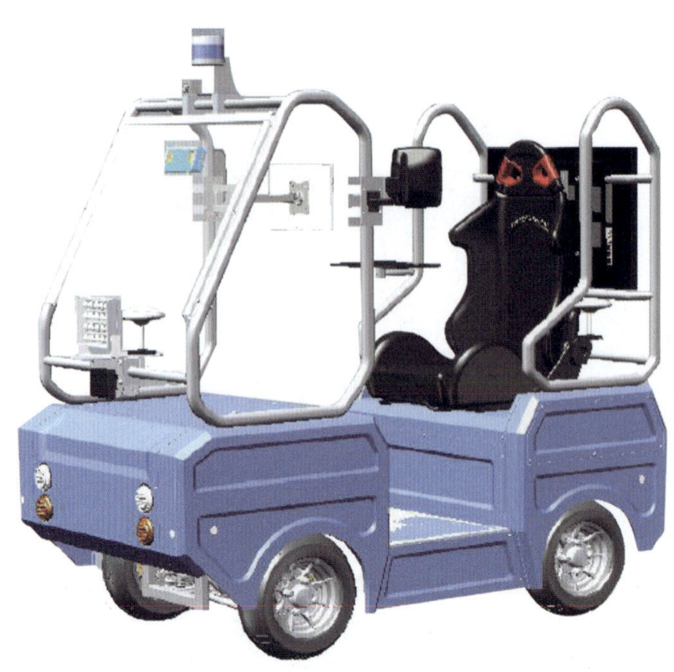

图 3-14 具有防滚架功能的车身结构

2. 技能操作

（1）操作准备

准备技能操作所需的物料，见表 3-5。

表 3-5 物料准备

类别	所需物料
教学整车 / 实训平台	智能网联实训汽车或智能驾驶教学平台
仪器、设备、工具	车辆技术手册、工作手套

（2）安全装置检查

完成对测试车辆安全装置检查工作，将工作内容记录在表 3-6 中。

表 3-6 工作记录表

序号	检查项目	检查内容	检查结果	处理意见
1	安全带检查	是否有安全带	是□ 否□	
		安全带是否完好	是□ 否□	
		安全带是否可以正常使用	是□ 否□	
		安全带卡扣是否有遮挡	是□ 否□	
2	车速限制、警报装置检查	车速限制、报警装置类型	预装 □ 加装□ 其他：	

续表

序号	检查项目	检查内容	检查结果	处理意见
2	车速限制、警报装置检查	安装是否符合说明书要求	是□　否□	
		装置接线是否牢靠	是□　否□	
		装置固定是否牢靠	是□　否□	
		装置是否可正常显示信息	是□　否□	
		提示音音量是否合适	是□　否□	
3	标识装置检查	是否有应急停车安全附件	是□　否□	
		三角警告牌是否完整	是□　否□	
		三角警告牌是否有污损	是□　否□	
		三角警告牌是否可稳定立于地面	是□　否□	
		三角警告牌是否与地面近于垂直摆放	是□　否□	
		是否有车身反光标识	是□　否□	
		车身反光标识贴附位置是否正确	是□　否□	
		反光装置是否粘贴牢靠	是□　否□	
		反光装置表面是否清洁	是□　否□	
4	紧急处置装置检查	是否配备灭火器	是□　否□	
		灭火器类型	干粉 □　水基□ 其他：	
		灭火器是否过期	是□　否□	
		灭火器固定是否牢靠	是□　否□	
		灭火器取用是否方便	是□　否□	
		是否配备应急锤	是□　否□	
		应急锤是否完好	是□　否□	
		应急锤固定是否牢靠	是□　否□	
		应急锤取用是否方便	是□　否□	
5	行驶记录装置检查	是否有行驶记录装置	是□　否□	
		行驶记录装置安装位置是否合适	是□　否□	

续表

序号	检查项目	检查内容	检查结果	处理意见
5	行驶记录装置检查	设备是否正常工作	是□　否□	
		存储状态是否正常	是□　否□	
		摄像头是否清洁	是□　否□	
6	急停按钮检查	是否有急停按钮	是□　否□	
		急停按钮安装位置是否便于操作	是□　否□	
		急停按钮工作是否正常	是□　否□	
7	防滚架检查	是否安装防滚架（或是否具有防滚架功能的车身结构）	是□　否□	
		防滚架是否牢固	是□　否□	
		防滚架是否影响进出车辆	是□　否□	
		防滚架是否影响驾驶员的视野	是□　否□	

检查评估

对本任务的学习情况进行检查，并将相关内容填写在表 3-7 中。

表 3-7　检查表

检查项目	检查结果	结果点评
车辆底盘检查		
是否完成传动系部件检查	是□　否□	
是否完成行驶系部件检查	是□　否□	
是否完成转向系部件检查	是□　否□	
是否完成制动系部件检查	是□　否□	
车辆安全装置检查		
是否完成被动安全装置检查	是□　否□	
是否完成驾驶员提示装置检查	是□　否□	
是否完成车辆标识检查	是□　否□	
是否完成紧急处置装置检查	是□　否□	

续表

检查项目	检查结果	结果点评
是否完成行驶记录装置检查	是□　否□	
是否完成安全制动装置检查	是□　否□	
是否完成测试专用装置检查	是□　否□	
是否将检查记录填写完整	是□　否□	
整理及恢复		
是否将工具、设备整理恢复	是□　否□	
是否将实训工位打扫干净	是□　否□	

任务小结

本任务小结如图 3-15 所示。

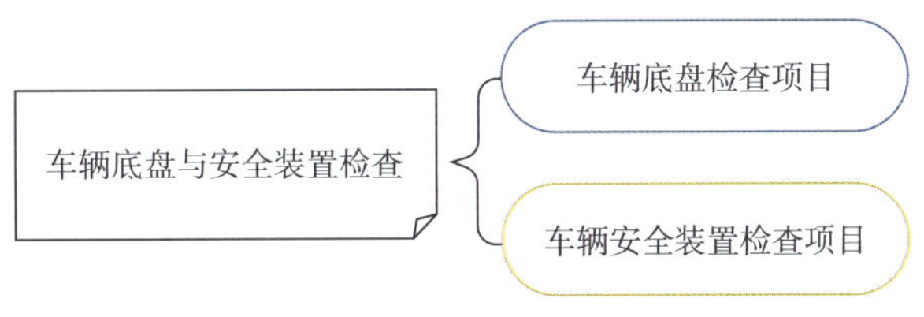

图 3-15　本任务小结

任务四 车辆尺寸参数测量与数据处理

任务导入

场景： 某国产自主品牌汽车整车试验部

人物： 主任试验工程师王工、实习试验技师小方

情节： 在完成了车辆各项检查后，王工安排小方对车辆的尺寸参数进行测量。小方对于任务的目的表示好奇，王工介绍说："车辆的外部尺寸是汽车设计首先要确定的参数，与车辆的各项性能直接相关，测试人员只有熟悉车辆的各项尺寸参数才能更好完成车辆的测试工作准备和任务实施。"小方意识到自己一直没有留意到原来一台汽车有那么多重要的尺寸参数。你是否也和小方一样呢？你知道车辆有哪些尺寸参数以及它们是如何被测量的吗？

任务目标

▸能根据车辆尺寸参数知识和测量流程，明确各尺寸参数的基准和定义，正确使用工具，与小组成员合作，规范完成车辆外部尺寸参数的测量和记录。

▸能根据测试数据相关知识和处理流程，明晰测试误差与精度的概念，独立完成车辆尺寸参数测量结果的数据处理。

任务实施

（一）车辆尺寸参数测量

1. 知识学习

（1）车辆坐标系

为了便于对车辆的各尺寸参数进行定义、测量和标注，工程师在车辆设计时建立了三个相互垂直的

空间平面，这三个平面共同组成车辆三维坐标系，如图 4–1 所示。三维坐标系在车辆上并不可见，而是作为车辆外部尺寸和内部尺寸的基准。

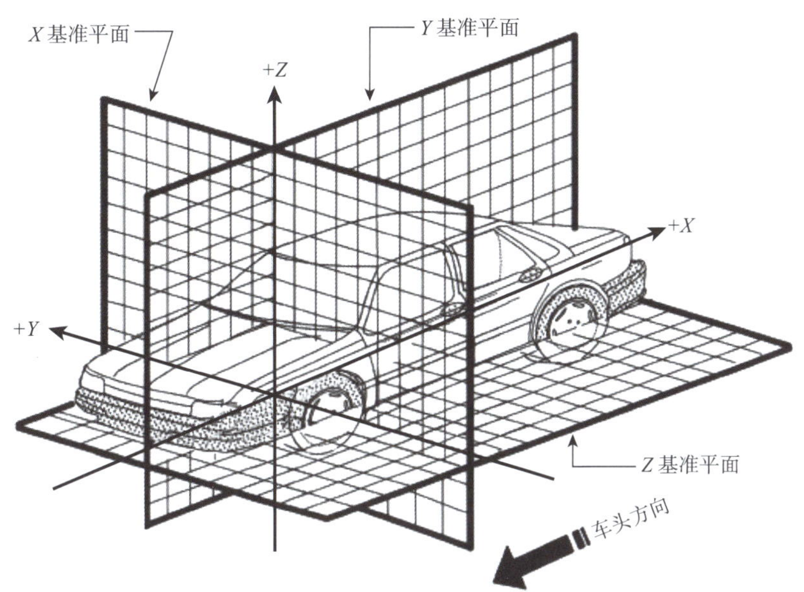

图 4–1　车辆三维坐标系

三维坐标系各平面在我国汽车厂家设计部门通常定义如下。

1）*Y* 基准面，车辆的纵向对称平面。

2）*X* 基准面，过车辆前轴中心线，且垂直于 *Y* 基准面和车辆支撑平面的平面。

3）*Z* 基准面，各厂家定义存在差异，有的厂家（较多为卡车生产厂）以车架上表面作为 *Z* 基准面，有的以地面作为 *Z* 基准面，有的以前后轴中心且垂直于 *Y*、*X* 基准面的平面为 *Z* 基准面。在进行几何参数测量时，一般将 *Z* 基准面定义为地面。

（2）外部尺寸参数

智能网联汽车基本外部几何参数主要有外廓尺寸、轴距、轮距、前悬、后悬等。

1）外廓尺寸

汽车的外廓尺寸为长、宽、高三个尺寸参数。根据国家标准《汽车、挂车及汽车列车外廓尺寸、轴荷及质量限值》（GB 1589—2016），各参数定义和尺寸编码如下。

车辆长度是指通过车辆前后最外端点的两个 *X* 平面间的距离，尺寸编码为 L103。

车辆宽度是指车辆两侧固定突出部位最外侧点且平行于 *Y* 平面的两平面之间的距离，尺寸编码为 W103。

车辆高度包含两个相关参数，分别为车顶距地高度和车高。车顶距地高度为整备质量条件下，车顶棚距离地面的最大距离，不包括突出硬件和装饰，如行李架、天线等，尺寸编码为 H100。车高为整备质量条件下，车辆最高点到地面的距离，尺寸编码为 H101。车辆高度尺寸如图 4–2 所示。

尺寸编码是为了在图纸标注方便而采用的国际通行代码。尺寸编码首字母来自相应英文单词首字母，即 L 表示长度（length）、H 表示高度（height）、W 表示宽度（width）。

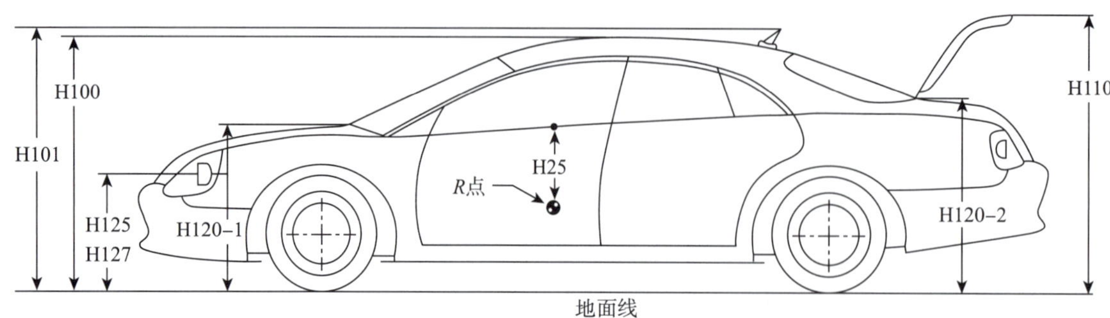

图 4-2　车辆外部高度尺寸

2）轴距

轴距是车辆同一侧相邻两车轮轮心的 X 平面之间的距离，尺寸编码为 L101。

汽车设计过程中，汽车轴距很大程度决定着车辆整备质量、车辆长度、最小转弯半径等重要车辆参数，因此轴距是一个非常重要的车辆几何尺寸。

3）轮距

轮距是两轮胎在地面上留下轨迹的中心线间沿 Y 向的距离，尺寸编码为 W101，可分为前轮距和后轮距，其中前轮距尺寸编码为 W101-1，如图 4-3 所示。

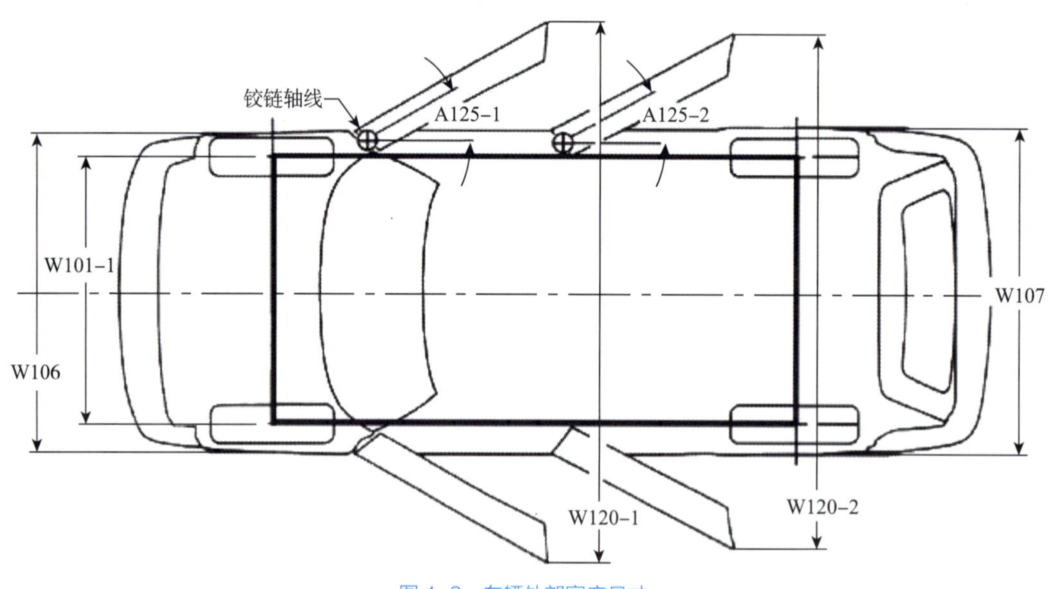

图 4-3　车辆外部宽度尺寸

4）前悬和后悬

前悬是过车辆最前端点和前轮中心的两 X 平面之间的距离，尺寸编码为 L104。后悬为过车辆最后端点和后轮中心的两 X 平面之间的距离，尺寸编码为 L105。前悬和后悬尺寸决定了车辆通过地面鼓包

和凹坑的能力。车辆外部长度尺寸如图 4–4 所示。

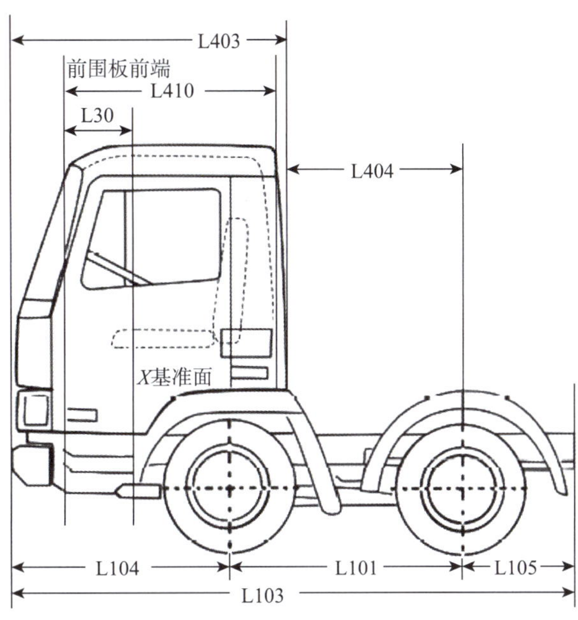

图 4–4 车辆外部长度尺寸

（3）尺寸参数测量场地与仪器设备

尺寸参数测量场地应为平整、坚实、清洁的地面。

在测量设备方面，一般使用高度尺、钢卷尺、水平仪、直角尺、铅锤等工具。除了使用上述工具外，也有汽车厂家的测试人员使用油泥和划针。用于尺寸参数测量最先进的设备是三坐标测量仪，但是由于该设备较为昂贵，目前尚未普及。

（4）测量方法

尺寸测量工作主要包括测量准备、车辆放置、车辆特征点标记、车辆特征点地面投影标记、标记点距离测量五个步骤，如图 4–5 所示。

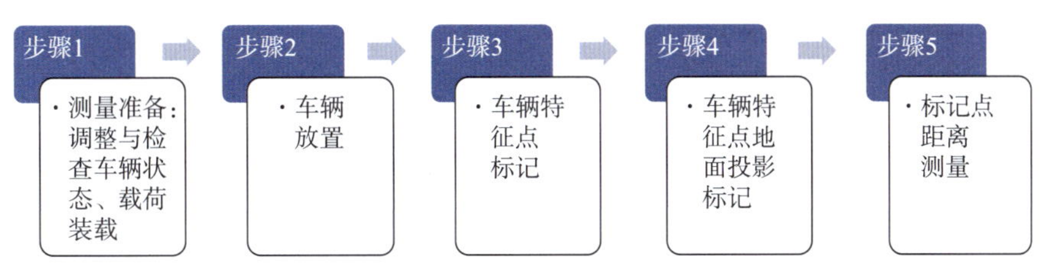

图 4–5 尺寸测量工作

1）测量准备

车辆尺寸测量准备工作主要包括调整与检查车辆状态、载荷装载两个部分。

①调整与检查车辆状态

首先检查车轮是否清洁，是否有油污和泥土，必要时先清洗车辆。按照技术文件规定检查车辆各部件、备胎及随车工具是否齐全，燃油、润滑油及冷却液是否按规定加足；检查车辆悬架状态是否良好，是否已完成四轮定位；车顶天线是否处于收回状态；车门、行李舱盖和发动机机舱盖是否处于关闭状态；轮胎气压是否满足技术条件要求（一般要求气压误差不超过 10 kPa）。

②载荷装载

汽车的载荷状态有整备质量、设计载荷质量、满载质量三种。

整备质量是指车辆处于装备齐全，各油液加注足量，无载荷无乘员的状态。

设计载荷质量是指车辆在整备质量状态下乘坐乘员的状态。

满载质量是指厂家制定的最大总质量状态，一般为满员乘坐、行李舱盛放最大质量物品、油液加注足量的状态。

测量时应根据测试标准调整车辆的载荷状态，需具体查看各厂家手册。装载时应注意载荷分布均匀，乘用车一般采用沙袋作为质量替代物放置在座椅和车内地板上。

2）车辆放置

将车辆以直线行驶状态停放在坚实、清洁的地面上。保证前转向轮处于正直状态，如图 4–6 所示。在车辆前部和后部下压车辆数次，消除悬架内部阻尼对车辆高度的影响。

图 4–6　前轮正直状态

3）车辆特征点标记

车辆特征点是尺寸测量的基准点，典型的车辆特征点为前后车轮的中心等。以车轮中心点标记为例，不同厂家和机构对特征点标记的方法各不相同，一般测试任务中，可利用车轮螺栓的相对位置，采用目测和用直角尺测量的方式得到车轮中心，用记号笔进行标记并用直角尺画出垂直于地面的直线。

4）车轮特征点地面投影标记

利用直角尺，根据车轮上的直线作车轮中心在地面上的投影点以及过该点且垂直于车轮的直线，如图 4–7 所示。车辆最前端和最后端在地面上的投影，一般使用铅锤和钢板尺获得。

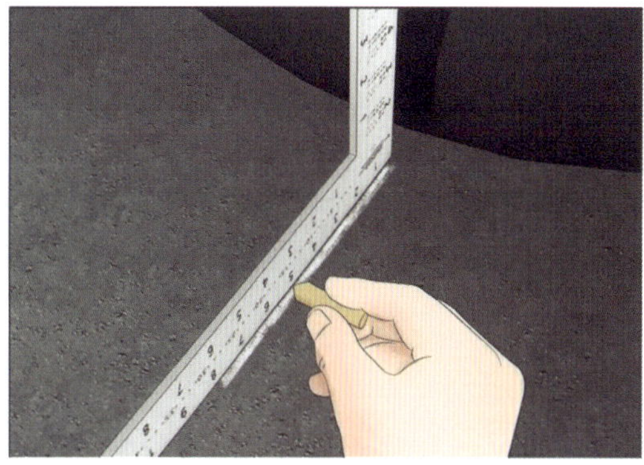

图 4-7　车轮中心特征点地面投影标记

5）标记点距离测量

用钢卷尺测量地面投影点、线之间的距离，可以测得车辆轴距，如图 4-8 所示。其他外部尺寸参数可参照此方法测量。

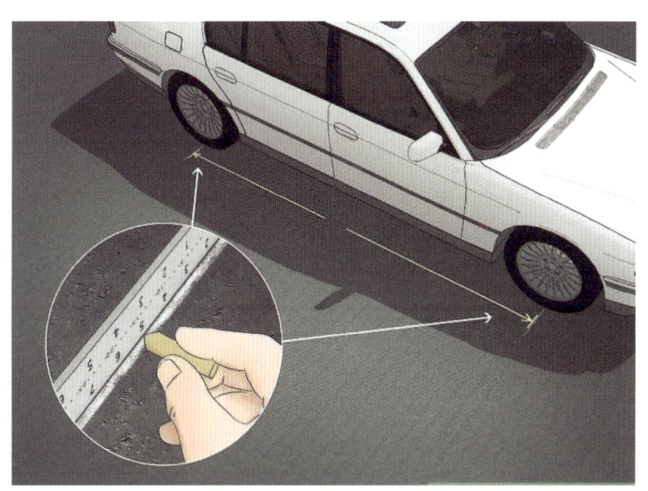

图 4-8　测量投影标记之间的距离

在对车辆高度进行测量时，可用平板或钢板尺抵靠在车辆最高点，再利用铅锤找到平板或钢板尺相应点到地面上的投影点，用钢卷尺测量铅垂线的长度。

2. 技能操作

（1）操作准备

准备技能操作所需的物料，见表 4-1。

表 4-1　物料准备

类别	所需物料
教学整车 / 实训平台	智能网联实训汽车或智能驾驶教学平台
仪器、设备、工具	车辆技术手册、高度尺、钢卷尺、水平仪、直角尺、铅锤、工作手套、签字笔

情境一

（2）测量工作准备

完成车轮外部尺寸测量工作准备，将工作内容记录在表 4–2 中。

表 4–2　工作记录表

序号	检查项目	检查内容	检查结果	处理意见
1	清洁度检查	车轮是否有泥土	是□　否□	
		车轮是否有油污	是□　否□	
2	技术条件检查	车轮各部件是否齐全	是□　否□	
		备胎是否齐全	是□　否□	
		随车工具是否齐全	是□　否□	
		燃油、润滑油及冷却液是否加注到位	是□　否□	
3	车辆检查	悬架状态是否良好	是□　否□	
		车顶是否有天线，是否已收回天线	是□　否□	
		车门、行李舱盖、机舱盖是否闭合	是□　否□	
		胎压是否符合要求	是□　否□	
4	载荷装载	载荷状态	整备质量 □ 设计载荷质量 □ 满载质量 □	整备质量数值：
		是否需要载荷装载	是□　否□	
		所装载载荷分布是否均匀	是□　否□	

（3）外廓尺寸测量

完成车轮外廓尺寸测量，将工作内容记录在表 4–3 至表 4–5 中。

表 4–3　工作记录表

序号	项目	内容	备注
1	测量项目	长度□　宽度□　高度□ 所测尺寸编码：	
2	工作步骤		使用工具：

续表

序号	项目	内容	备注
3	测量结果（测量三次，分别记录在右侧相应位置）	第一次测量结果：	
		第二次测量结果：	
		第三次测量结果：	

表 4-4　工作记录表

序号	项目	内容	备注
1	测量项目	长度□　宽度□　高度□ 所测尺寸编码：	
2	工作步骤		使用工具：
3	测量结果（测量三次，分别记录在右侧相应位置）	第一次测量结果：	
		第二次测量结果：	
		第三次测量结果：	

表 4-5　工作记录表

序号	项目	内容	备注
1	测量项目	长度□　宽度□　高度□ 所测尺寸编码：	
2	工作步骤		使用工具：
3	测量结果（测量三次，分别记录在右侧相应位置）	第一次测量结果：	
		第二次测量结果：	
		第三次测量结果：	

（4）轴距与轮距测量

完成轴距与轮距尺寸测量，将工作内容记录在表 4-6 和表 4-7 中。

表 4-6　工作记录表

序号	工作内容	选项与记录	备注
1	测量项目	轴距□　轮距□ 所测尺寸编码：	
2	工作步骤		使用工具：

续表

序号	工作内容	选项与记录	备注
3	测量结果 （测量三次，分别记录在右侧相应位置）	第一次测量结果：	
		第二次测量结果：	
		第三次测量结果：	

表 4-7　工作记录表

序号	工作内容	选项与记录	备注
1	测量项目	轴距□　轮距□ 所测尺寸编码：	
2	工作步骤		使用工具：
3	测量结果 （测量三次，分别记录在右侧相应位置）	第一次测量结果：	
		第二次测量结果：	
		第三次测量结果：	

（5）前悬与后悬尺寸测量

完成前悬与后悬尺寸测量，将工作内容记录在表 4-8 和表 4-9 中。

表 4-8　工作记录表

序号	工作内容	选项与记录	备注
1	测量项目	前悬□　后悬□ 所测尺寸编码：	
2	工作步骤		使用工具：
3	测量结果 （测量三次，分别记录在右侧相应位置）	第一次测量结果：	
		第二次测量结果：	
		第三次测量结果：	

表 4-9　工作记录表

序号	工作内容	选项与记录	备注
1	测量项目	前悬□　后悬□ 所测尺寸编码：	
2	工作步骤		使用工具：

续表

序号	工作内容	选项与记录	备注
3	测量结果（测量三次，分别记录在右侧相应位置）	第一次测量结果：	
		第二次测量结果：	
		第三次测量结果：	

（二）测量数据处理

1. 知识学习

（1）误差与精度

误差是指物理上测量测得的量值与真值的差别，在实际工作中应尽量减小误差，将误差控制在允许的范围内。

精度是表示测量结果与真值是指接近程度的物理量，精度与误差大小对应。精度由精密度和准确度共同构成。

1）准确度是指测量结果偏离真值的程度。准确度是系统误差的体现。准确度高，表示测量准确性高。

2）精密度是指测量结果的离散程度。精密度表示随机误差的大小。精密度高，表示测量重复性好，即多次测量，结果偏差不大。注意在现实工作过程中，“精密度”一般会被简称为“精度”，此处需注意进行概念区分。

合格的测量工作是以是否得到精度高的测量结果为主要评价指标，即要求准确度和精密度都要高。如图 4–9 所示，图中各黑色小圆点代表多次测量的结果，蓝白相间的同心圆圆心代表真值。图 4–9a 中准确度和精密度都较低；图 4–9b 中精密度很高，但是准确度较差（偏离了圆心）；图 4–9c 中准确度很高，但是精密度较差（过于分散）；图 4–9d 中准确度和精密度都很好，表示此次测量工作所得结果精度很高。

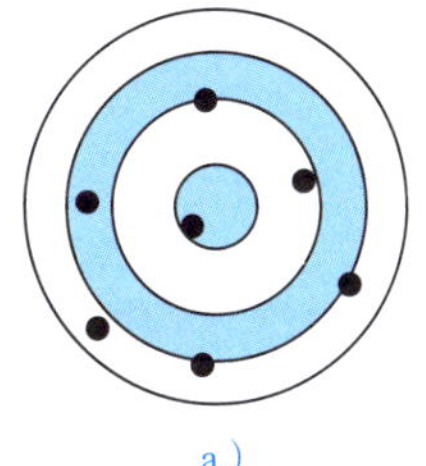

a）

b）

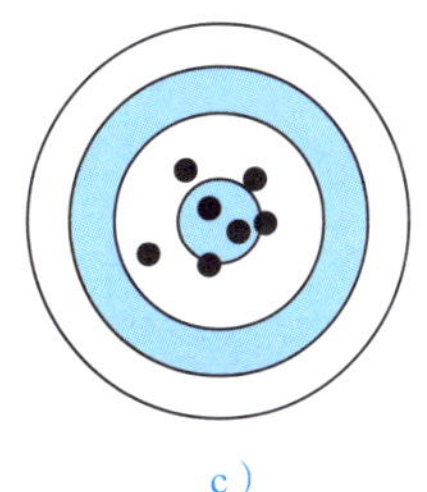

c）

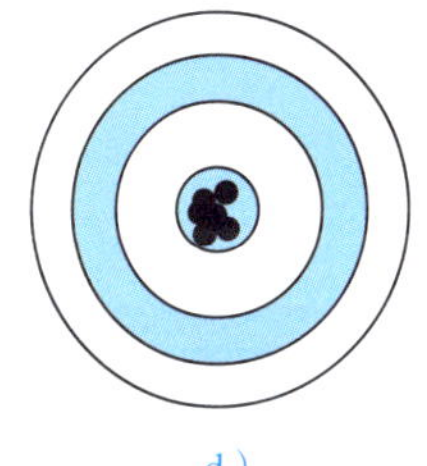

d）

图 4–9　准确度和精密度示意图

a）准确度和精密度较低　b）精密度高，准确度较差　c）准确度高，精密度较差　d）准确度和精密度都高

（2）误差的来源

测量工作的误差主要是由仪器误差、测量误差、运算误差等三方面引起的。

1）仪器误差

仪器误差主要是由仪器设计、制造缺陷和外界变化而引起的。

2）测量误差

测量误差主要是由测试方法不合理、仪器安装位置不当和使用不当等引起的，也可能是读数或记录数值时不够精准而引起的。

3）运算误差

运算误差是在进行数据处理时，由于取值（例如四舍五入）、计算、引入系数或经验公式以及作图不当所引起的。

（3）数据处理

测量的结果通常可用数字和图形表示。数字形式表达便于使用计算工具进行运算处理。图形形式表达可以使各测量结果更加直观。

测量数据的数学处理是一门专门学科，数据处理的方法需根据测量任务的性质和要求选用。在各种方法中，平均值计算较适用于车辆尺寸参数测量的数据处理。实际上，平均值计算也是最简单、最常用的数据处理方法。

平均值计算即为计算测量结果算数平均值，方法为将多次测量结果相加，然后将相加结果除以测量次数。

2. 技能操作

（1）操作准备

准备技能操作所需的物料，见表 4–10。

表 4–10　物料准备

类别	所需物料
教学整车 / 实训平台	智能网联实训汽车或智能驾驶教学平台
仪器、设备、工具	笔、纸、计算器

（2）测量结果数据处理

对外部尺寸参数测量结果进行平均值计算的处理，将工作内容记录在表 4–11 中。

表 4–11　工作记录表

序号	测量项目	第一次测量结果	第二次测量结果	第三次测量结果	平均值	真值（车辆技术手册内的数值）	结果评价
1							

续表

序号	测量项目	第一次测量结果	第二次测量结果	第三次测量结果	平均值	真值（车辆技术手册内的数值）	结果评价
2							
3							
4							
5							
6							
7							
8							
9							
10							
11							

（3）精度辨析

对测量结果进行辨析，判断精度情况，将辨析结果记录在表 4-12 中。

表 4-12 工作记录表

测量结果示意图				
准确度	高□ 低□ 说明：	高□ 低□ 说明：	高□ 低□ 说明：	高□ 低□ 说明：
精密度	高□ 低□ 说明：	高□ 低□ 说明：	高□ 低□ 说明：	高□ 低□ 说明：

检查评估

对本任务的学习情况进行检查，并将相关内容填写在表 4-13 中。

表 4-13　检查表

检查项目	检查结果	结果点评
车辆尺寸参数测量		
是否完成尺寸参数测量的准备工作	是□　否□	
是否能准确指出车辆坐标系三个基准平面	是□　否□	
是否完成轴距测量	是□　否□	
是否将测量过程记录完整	是□　否□	
是否规范记录测量结果	是□　否□	
测量数据处理		
是否能写出数值计算算式	是□　否□	
计算结果是否正确	是□　否□	
数据处理后结果是否接近真值	是□　否□	
是否能准确进行精度的辨识	是□　否□	
整理及恢复		
测量和计算过程中的工作态度是否严谨	是□　否□	
是否将工具、设备整理恢复	是□　否□	
是否将实训工位打扫干净	是□　否□	

任务小结

本任务小结如图 4-10 所示。

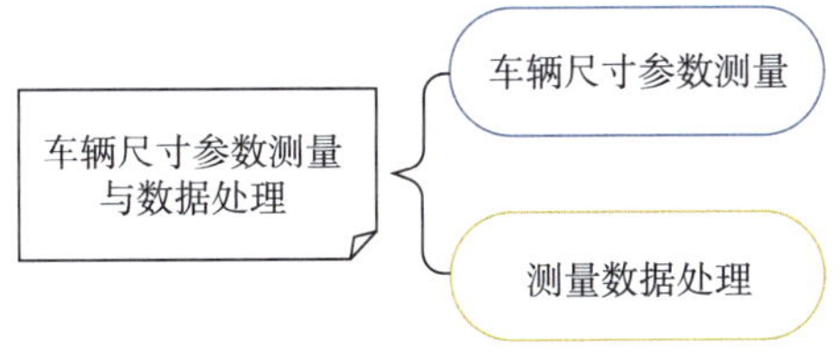

图 4-10　本任务小结

情境二
先进驾驶辅助系统与自动驾驶系统整车综合测试

情境介绍

智能网联汽车技术的发展实现了汽车由单纯的交通运输工具向智能移动空间和应用终端的重要转变。在智能化方面，特定区域、特定路线、基于特定场景运营的自动驾驶汽车的应用越来越广泛。

各级别智能驾驶系统真正的产业化落地关键环节之一在于对车辆进行综合测试。综合测试的对象则是从汽车本身变为了对以智能系统作为“驾驶员”的测试，汽车的综合测试从“体能”转向“体能 + 智商”。

本情境有测试场景搭建、整车视觉识别综合测试、自适应巡航控制（ACC）系统测试、车道保持辅助（LKA）系统测试、自动紧急制动（AEB）系统测试、盲区监测（BSD）系统测试、智能泊车辅助（IPA）系统测试、自动驾驶循迹系统测试八个任务，内容包括交通流目标物准备、红绿灯识别综合测试、各 ADAS 测试准备和测试等。

情境目标

▸ 能根据整车综合测试任务书，与小组成员合作正确完成综合测试场景准备与测试物品准备。

▸ 能按照各 ADAS 功能要求，明确整车综合测试的测试目标，与小组成员合作规范完成测试准备。

▸ 能按照各 ADAS 综合测试工作流程，与小组成员合作规范完成整车综合测试。

▸ 能根据智能网联汽车技术自动驾驶系统测试流程，与小组成员合作规范完成自动驾驶系统部件检查与整车相关功能测试。

任务五 测试场景搭建

任务导入

场景：某国产自主品牌汽车整车试验部

人物：主任试验工程师李工、实习试验技师小刚

情节：今天李工接到研发部门下发的一个测试任务，准备指导小刚进行测试场景搭建。小刚感到很疑惑："难道判断汽车性能的优劣不是在试验场的测试道路上驾驶就可以完成吗？"李工告诉小刚，整车综合测试不光要有场地，还要有"场景"。那么什么是场景呢？请随着小刚的工作，开始本任务的学习吧。

任务目标

- 能根据测试任务，独立提取所需要素进行测试场景搭建策划与平面图绘制。
- 能根据测试任务，独立完成交通流目标物与交通模拟设施的准备。

任务实施

（一）场景准备

1. 知识学习

（1）测试场景定义与分类

基于场景的测试与评价是智能网联汽车整车综合测试工作的典型特点。测试场景是指智能网联汽车与其行驶的各环境组成要素在一段时间内的总体动态描述，如图 5-1 所示。根据测试功能的需要，测试场景用于模拟真实世界的交通驾驶场景和情形，所测试功能需完成的任务越复杂、可靠性要求越高，测

试场景越要像真实交通场景一样丰富和真实。

图 5-1　智能网联汽车测试场景

测试场景的要素由所期望检验的 ADAS 与自动驾驶功能决定，通常包含道路设施、环境天气、其他交通参与者。例如测试自动驾驶系统在开启状态下可否在夜晚环境下，低速行驶在没有道路交通标线的柏油路上，突然出现快速横穿道路的儿童时，车辆是否能够有最佳反应。在该测试任务中，需综合考虑车辆（低速）、道路（无交通标线、柏油路）、光照（无阳光，夜晚环境）、交通参与者（儿童、快速移动、横穿马路）等各要素，这些要素共同组成针对此任务的一个“场景”，通过试验和测试技术手段对以上要素进行模拟和再现，测试人员就可在专用场地构造出相应的测试场景。在该测试场景下通过测试的智能网联汽车，可以表明其在居民区夜间行驶时具有相对安全的驾驶功能。

（2）测试场景要素

测试场景要素根据随时间变化情况可分为静态要素与动态要素。静态要素是指在测试场景内，其自身状态不随时间变化的场景要素，例如道路、交通标志、位置不变的其他交通参与者等。动态要素是指测试场景内，其自身状态随时间变化的场景要素，例如交通信号灯、光照、移动的交通参与者等。

测试场景要素还可根据性质分为测试车辆基础信息和交通环境要素两大类。

1）测试车辆基础信息

测试车辆基础信息包括固有状态、目标信息和驾驶行为三个部分。

车辆固有状态主要为车辆的几何尺寸、性能、驾驶系统，例如车辆的尺寸越大，其所需的物理空间就越大；车辆加速性能对车辆在 ADAS 或自动驾驶时跟车和超车有重要影响；驾驶系统包括人工接管能力，此功能在车辆紧急状态下非常重要。

车辆目标信息为车辆驾驶任务，其主要影响测试场景的覆盖范围和测试持续时间。例如车辆驾驶任务为十字路口右转，如图 5-2 所示，车辆目标信息主要包括前方人行道及行人、右后方自行车骑行人等，测试场景中十字路口左侧及左后方的车辆和行人均不必作为自动驾驶系统探测和决策的目标。

图 5-2　车辆目标信息示意（十字路口右转）

车辆驾驶行为主要是指车辆当前的运动状态，如纵向速度（车速）、横向速度（可理解为变道超车时变换车道的速度）等。

2）交通环境要素

交通环境要素主要包括天气光照信息、静态道路信息、动态道路信息、交通参与者信息。

①天气光照信息（如顺光、逆光、夜晚、雾天等）会严重影响车辆各类环境感知传感器的工作能力。

②静态道路信息主要为道路交通标线以及交通规则等。

③动态道路信息主要为道路的动态变化，如交通拥堵、“潮汐式”交通管制等；交通设施变化，例如信号装置检修；通信环境变化，例如由城市快速路驶入地下隧道时，通信信号会受到严重影响。

④交通参与者信息主要包括道路上及路边的行人信息、非机动车信息和机动车信息等。

综上所述，测试场景要素分类如图 5-3 所示。

（3）测试场景构建

传统汽车的驾驶员在日常使用和极端情况下，需针对许多场景采取不同的驾驶行为。智能网联汽车的 ADAS 和自动驾驶系统如果希望辅助或相当程度上代替人类驾驶员，其所需的测试场景也是数量众多且复杂程度各异的。

为了加快开发速度，各大汽车厂家及相关机构建立了专用测试场景库作为研发的基础性工作。测试场景库的建立方法主要采用真实数据采集、模拟数据生成和专家经验设计三种途径。

如图 5-4 所示，真实数据采集主要通过数据采集车持续在道路行驶来完成。数据采集车加装不同的传感器以获取相应的场景数据。数据采集车一般改装自传统汽车，通过加装激光雷达、摄像头、高精度惯性导航装置等，组成一个多传感器数据采集平台。

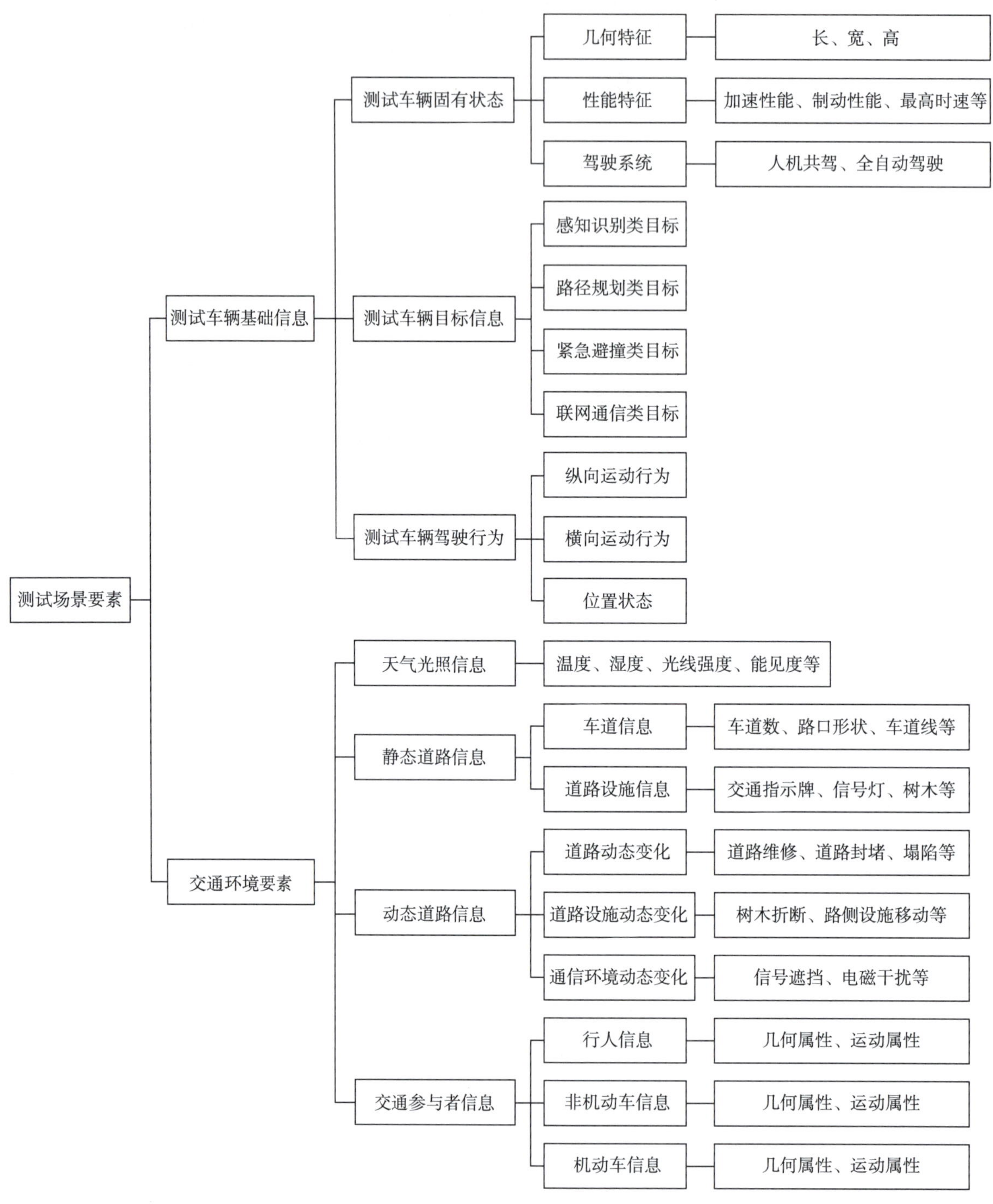

图 5-3　测试场景要素分类

模拟数据生成主要通过驾驶模拟数据和仿真数据构成，一些危险或极限工况、极端天气等难以采集自真实道路环境的场景，可以通过模拟数据生成的方式获得。该方法相较于真实数据采集方法速度快、成本低，已发展为行业热门领域，各国均有大型软件企业研发相关的仿真测试系统。

图 5-4　数据采集车

（4）测试场地及其分类

测试场地是智能网联汽车测试场景中最重要的要素集合。智能网联汽车整车综合测试的实车测试场地主要有转鼓平台、封闭场地、开放道路三大类，其中封闭场地分为室内场地和室外场地，开放道路又分为示范测试区与普通道路。测试场地分类如图 5-5 所示。

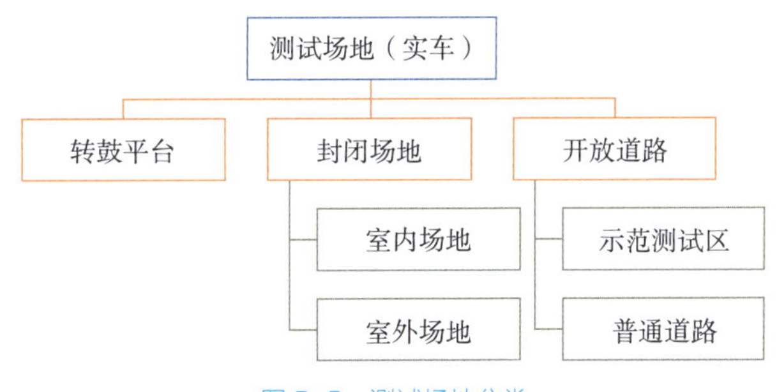

图 5-5　测试场地分类

（5）室内封闭测试场地准备

在室内封闭场地中，车辆行驶在真实的道路上，通过技术手段模拟车辆周围的交通参与者和障碍物等。由于使用了真实车辆，因此很大程度上提高了测试的拟真度。室内封闭场地便于进行重复测试，丰富了测试数据。

室内封闭测试场地建设于较大建筑内，多用于测试低车速场景下的车辆性能，测试工作不受天气影响，测试条件可控性好，如图 5-6 所示。

室内封闭测试场地的准备工作主要是对车道形状、车道宽度、车道转弯半径、道路交通标线、测试用辅助线、路口、人行道、道路材质、场地平整度与清洁度、安全因素等进行确认。

1）车道形状确认。车道一般为环形，可供弯道行驶场景使用。相对于一根直行双车道的场地，环形车道可以保证测试工作的连贯性，即无需人工干预，车辆可自行驶回出发位置，测试效率较高。

2）车道宽度确认。查阅图纸或用卷尺测量车道宽度，确认车道宽度大于测试用车的外部宽度尺寸，且要有一定的尺寸余量以供车辆偏离车道时测试人员可及时进行人工接管，避免测试车辆意外驶出场地。

图 5-6　室内封闭测试场地

3）车道弯道半径确认。查阅图纸或用卷尺、标记胶带等器材测量车道最外侧转弯线半径。保证最外侧弯道线半径大于车辆最小转弯半径且有一定尺寸余量。车辆最小转弯半径可通过查阅车辆技术手册或实车测试获得。

4）道路交通标线确认。道路交通标线颜色、宽度一般要求符合国家相关标准。道路中心线颜色一般与测试车辆自动驾驶基于视觉传感器的循线系统设置相同。要求道路交通标线施画完整。

5）测试用辅助线确认。查看车辆测试手册，确认场地是否按照要求施画了相应的辅助线。常见的测试用辅助线为横跨车道线的白色实线，用以标记车辆的起始位置，其他辅助线以车辆测试手册为准。

6）路口与人行道确认。根据测试任务的场景，确认整个场地中路口与人行道的数量、位置，以及路口的类型（十字路口或丁字路口）。

7）道路材质确认。查看道路材质是否能够为车辆提供足够的轮胎摩擦力。室内封闭测试场地的地面一般采用具有较大摩擦系数的塑胶材质。

8）场地平整度与清洁度检查。查看场地地面是否平整，是否存在鼓包、凹坑以及破损情况。检查场地是否清洁，是否存在油污或泥水。

9）场地安全因素确认。查看场地边缘与建筑墙壁、立柱之间的间距，保证车辆行驶的安全距离。查看弯道处场外物品，不得有调试计算机、人员办公区等，以免车辆失控发生严重事故。

（6）室外测试场地准备

室外测试场地由于受空间和占地面积限制，应尽可能模拟真实道路环境，一般包含高速道路、城市道路、乡村道路及其附属设施。

我国主要的智能网联汽车封闭测试场主要有国家智能网联汽车（上海）试点示范区封闭测试区（见图 5-7）、国家智能交通综合测试基地（如无锡）等。

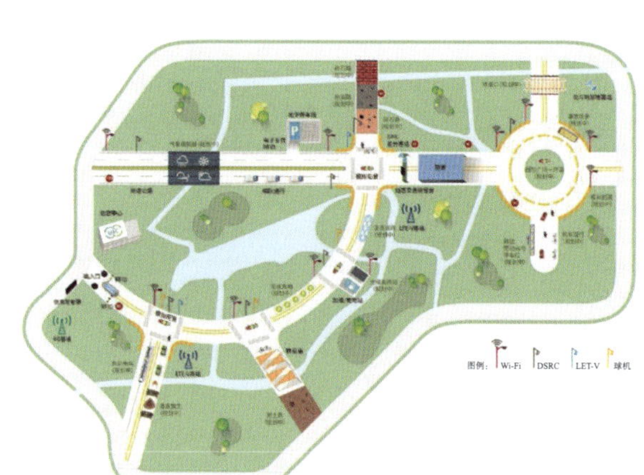

图 5-7　国家智能网联汽车（上海）试点示范区封闭测试区

在室外测试场地进行测试时了解场地各区域的用途和可提供的测试条件。

（7）开放道路测试场地准备

高速公路与城市低速区域是自动驾驶系统测试优先选择的开放道路测试场地。高速公路的车道线、标示牌等结构化特征清晰，交通环境相对简单，适合 ADAS 的测试。特定的城市低速区域可提前设置好高精度定位、V2X 等支撑系统，采集好高精度地图，以便实现在特定区域内的自动驾驶系统测试，如自动物流运输车、景区自动摆渡车、园区自动通勤车等智能网联汽车的开放道路测试。

我国首个开放道路示范测试区为位于北京经济技术开发区的北京市高级别自动驾驶示范区。测试区一期建设部署了包括 10 公里城市道路、10 公里高速公路和 1 个 AVP 停车场等在内的智能化基础设施。

开放道路测试场地的准备在充分研究测试场地用途的基础上，还需要遵守相关法律法规和政府规定，以保证场地的正确使用。

2. 技能操作

（1）操作准备

准备技能操作所需的物料，见表 5-1 物料准备。

表 5-1　物料准备

类别	所需物料
教学整车 / 实训平台	智能网联实训汽车或智能驾驶教学平台
仪器、设备、工具	纸、笔、卷尺、车辆技术手册

（2）场地要素确认

对测试场地各要素进行确认，将工作内容记录在表 5-2 中。

表 5-2 工作记录表

序号	项目	确认结果	备注
1	场地类型	室内场地 □ 室外场地 □	
2	车道形状		
3	车道宽度	车道宽度值： 获取方法： 车辆最大外部宽度： 车道宽度是否满足要求 是□ 否□	
4	车道转弯半径	车道转弯半径值： 获取方法： 车辆最小转弯半径： 车道转弯半径是否满足要求 是□ 否□	
5	道路交通标线	标线是否完整 是□ 否□ 标线是否满足要求 是□ 否□	
6	测试用辅助线	辅助线外观： 辅助线位置与数量： 辅助线是否清晰 是□ 否□	
7	路口	类型 1： 数量： 类型 2： 数量：	
8	人行道	数量：	
9	道路材质		
10	场地平整度	是否有鼓包 是□ 否□ 是否有凹坑 是□ 否□ 是否有破损 是□ 否□	
11	场地清洁度	是否有油污 是□ 否□ 是否有污泥 是□ 否□	
12	场地相关安全因素	场地与建筑物间距是否足够 是□ 否□ 场地弯道处是否有安全隐患 是□ 否□	

（3）场地平面图绘制

根据测试场地准备工作的成果，在表 5-3 中绘制场地平面简图。

表 5-3　场地平面简图

场地平面简图

（二）交通流目标物与交通模拟设施准备

1. 知识学习

（1）交通流目标物定义与分类

交通流目标物全称为模拟交通流目标物，是指为了保证智能网联汽车 ADAS 与自动驾驶系统测试时的有效性、安全性、可重复性和经济性，通过仿真手段模拟除本车之外的交通流物品。模拟交通流目标物主要有模拟行人、模拟机动车、模拟非机动车以及模拟交通临时限制设施等。

模拟交通流目标物可最大程度模拟真实交通场景，例如模拟行人横穿马路的交通场景时，即可实现有接近真实的外观以及雷达或激光反射特性，也可真实的验证一些具有危险性的场景而不会对测试人员和车辆造成危害，测试可重复进行，结果具有一致性。

1）弱势交通使用者目标物

弱势交通使用者目标物是用于模拟相对于汽车而言在交通事故中容易受伤的交通参与者。弱势交通使用者目标物包括模拟行人、模拟骑行人。

常被使用的弱势交通使用者目标物为静态行人（关节固定）目标物，如图 5-8 所示。静态行人目标物在尺寸和外形方面应接近真实行人的特性，可被单目或立体视觉摄像系统识别，也可被雷达或红外系统识别，即目标物从不同角度采集的雷达反射截面的平均分布符合真实人类雷达反射截面的平均分布。关节可活动行人目标物，如图 5-9 所示，可模拟比静态行人目标物更接近于真实人类的行走特征，即可模仿人的步姿、行走速度。

除行人目标物之外，弱势交通使用者目标物还包括骑行人目标物、踏板车（摩托车）目标物等，可模仿真实交通环境下的不同目标，具有真实的视觉和雷达探测特征，能经受车辆各方向的撞击。模拟骑行人目标物如图 5-10 所示。

图 5-8 静态行人（关节固定）目标物

图 5-9 关节可活动行人目标物

图 5-10 模拟骑行人目标物

2）模拟假车

模拟假车是车辆的三维模型，包括半尺寸假车和全尺寸假车两种类型。模拟假车可以各种速度模拟车辆的行驶状态，在测试场地搭建中作为目标车辆或背景车辆使用。

半尺寸假车形状一般为车辆后半部分的模型，在测试中可模拟车辆尾部的视觉特征和雷达反射特征，应用于预防车辆追尾的 ADAS 及自动驾驶系统的测试中。

全尺寸假车外形为汽车整车模型，具有真实车辆的雷达反射特性和视觉特征，可全方位模拟真实车辆。如图 5-11 所示，两台全尺寸假车分别应用于车辆避免碰撞相关测试目标物与相邻车道行驶车辆。

图 5-11 全尺寸假车应用场景

3）移动控制设备

真实交通环境中各交通参与者通常是动态的，因此整车综合测试中需要使交通流目标物在交通环境中以特定速度进行移动，移动控制设备在测试中专门用于控制各类移动交通目标物。移动控制设备一般有牵引式平台和自主移动平台两类，它们可控制目标物按照规定的运动轨迹和速度移动。

如图 5-12 所示，牵引式平台一般用于运动轨迹较为简单的测试场景，例如牵引模拟行人、模拟骑行人等进行道路横穿、路口通行等。

如图 5-13 所示，自主移动平台使用车载电池和电机驱动行驶，搭载控制系统，用于根据控制平台所设定轨迹和速度，装载各类目标物进行移动，一般用于轨迹较为复杂且运动速度较高的场景，如超车、并线等。

图 5-12 牵引式平台

图 5-13 自主移动平台应用于测试工作中

交通流目标物类型如图 5-14 所示。

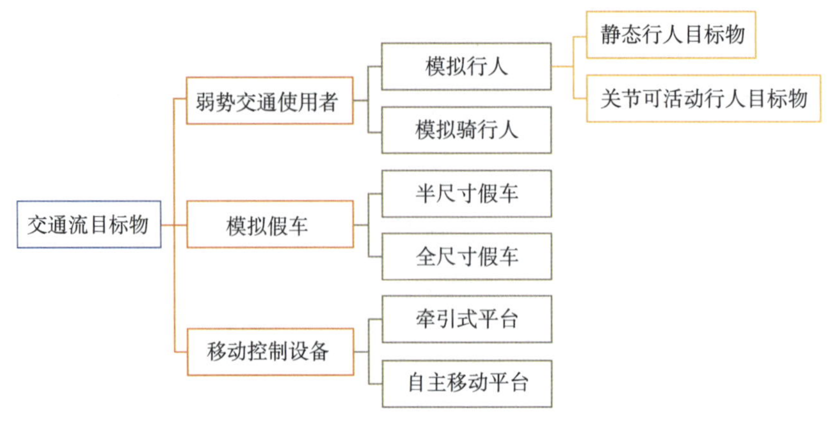

图 5-14　交通流目标物类型

（2）交通模拟设施定义与分类

交通模拟设施用于模拟交通环境中的各种道路交通基础设施以及外部环境，主要包括交通信号灯、雨（雾）模拟设备等，测试用交通信号灯设备外观如图 5-15 所示。

图 5-15　测试用交通信号灯设备外观

（3）准备工作方法与步骤

交通流目标物与交通模拟设施的准备工作如图 5-16 所示。

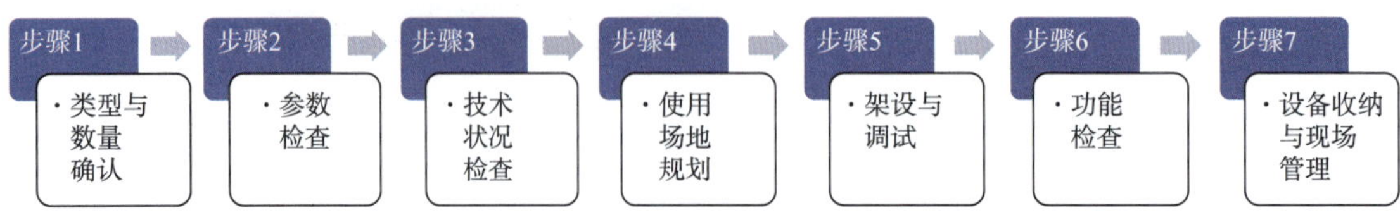

图 5-16　交通流目标物与交通模拟设施的准备工作

1）根据测试任务要求，查看交通流目标物与交通模拟设施的类型与数量是否满足要求。

2）根据测试任务要求，通过查看设备说明书与铭牌，逐一检查设备参数是否满足要求。

3）逐一检查设备状态，主要检查项目包括设备是否可正常开启和关闭；充电设备是否为满电状态；设备外观是否完好，是否存在污损；设备是否可正常移动，移动轮或可移动底盘是否完好。

4）根据测试任务要求制定方案，在场地中规划测试所用位置，例如十字路口、直行道路与人行横道交叉口等。

5）根据方案，架设交通流目标物与交通模拟设施，并进行连接和调试。

6）启动或操作设备，查看是否满足测试要求。

7）准备工作结束后，应按正常操作流程关闭设备，规范完成准备工作记录。根据测试计划收起设备待用，或者保持设备布置状态。保持设备布置状态时，需设置围栏并悬挂“设备在用”含义的标识牌，避免其他人员错误移动设备位置或改变设备状态。

准备工作注意事项主要有从设备箱中取放物品时避免出现磕碰和设备跌落地面等情况，空设备箱应规范放置到指定区域并整齐码放，连接设备进行供电时，应规范接线并整理电线走向，必要时用胶带对线缆进行地面固定，防止人员绊倒受伤。

2. 技能操作

（1）操作准备

准备技能操作所需的物料，见表 5–4。

表 5–4　物料准备

类别	所需物料
教学整车 / 实训平台	智能网联实训汽车或智能驾驶教学平台
仪器、设备、工具	交通流目标物及其使用手册、交通模拟设施及其使用手册、测试任务书

（2）交通流目标物准备

对所在测试小组的交通流目标物进行准备，将工作内容记录在表 5–5 中。

表 5–5　工作记录表

序号	设备名称	类型	设备型号	设备主要参数	数量	设备状态	备注
1		弱势交通使用者 □ 模拟假车 □ 移动控制设备 □					
2		弱势交通使用者 □ 模拟假车 □ 移动控制设备 □					

续表

序号	设备名称	类型	设备型号	设备主要参数	数量	设备状态	备注
3		弱势交通使用者 □ 模拟假车 □ 移动控制设备 □					
4		弱势交通使用者 □ 模拟假车 □ 移动控制设备 □					
5		弱势交通使用者 □ 模拟假车 □ 移动控制设备 □					
6		弱势交通使用者 □ 模拟假车 □ 移动控制设备 □					
7		弱势交通使用者 □ 模拟假车 □ 移动控制设备 □					
8		弱势交通使用者 □ 模拟假车 □ 移动控制设备 □					
9		弱势交通使用者 □ 模拟假车 □ 移动控制设备 □					
10		弱势交通使用者 □ 模拟假车 □ 移动控制设备 □					

（3）交通模拟设施准备

对所在测试小组的交通模拟设施进行准备，将工作内容记录在表 5-6 中。

表 5-6　工作记录表

序号	设备名称	设备型号	设备主要参数	数量	设备状态	备注
1						
2						
3						
4						

续表

序号	设备名称	设备型号	设备主要参数	数量	设备状态	备注
5						
6						
7						
8						

检查评估

对本任务的学习情况进行检查，并将相关内容填写在表 5-7 中。

表 5-7　检查表

检查项目	检查结果	结果点评
场地准备		
是否准确测量出车道宽度	是□　否□	
是否准确测量出车道转弯半径	是□　否□	
是否正确识别和检查车道标线	是□　否□	
是否正确绘制场地简图并进行尺寸标注	是□　否□	
交通流目标物与交通模拟设施准备		
是否正确检查交通流目标物技术状态	是□　否□	
是否正确检查交通模拟设施技术状态	是□　否□	
是否规范取放交通流目标物与交通模拟设备	是□　否□	
整理及恢复		
是否将工具、设备整理恢复或设置围栏	是□　否□	
是否将工作页填写完整	是□　否□	
是否将实训工位打扫干净	是□　否□	

任务小结

本任务小结如图 5-17 所示。

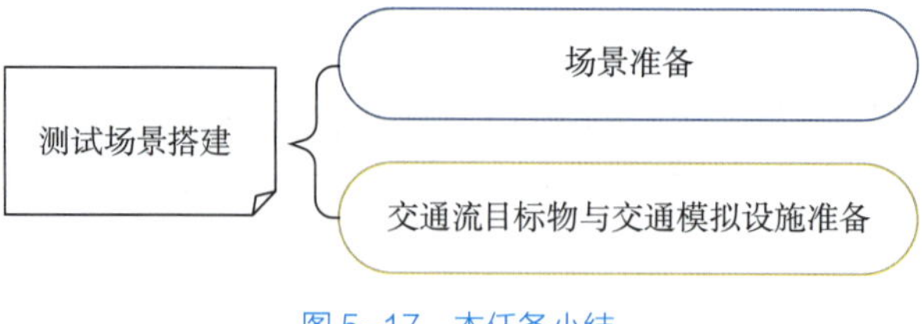

图 5-17　本任务小结

任务六 整车视觉识别系统综合测试

情境二

任务导入

场景：某国产自主品牌汽车整车试验部

人物：主任试验工程师李工、实习试验技师小刚

情节：智能网联汽车技术的主要特征之一就是车用环境感知传感器的应用。今天李工将带领小刚进行视觉传感器相关的整车测试。李工对小刚说："今天的工作就是看看咱们新车型的视力怎么样。"你是否也像小刚一样感到好奇呢？如果你是小刚，你将如何开始自己的工作？

任务目标

- 能根据视觉识别系统的工作原理，按照测试方法完成车辆红绿灯识别系统综合测试。
- 能根据车道线识别的工作原理，按照测试方法完成车辆车道线识别系统综合测试。

任务实施

（一）红绿灯识别系统综合测试

1. 知识学习

（1）视觉感知系统定义与组成

智能网联汽车视觉感知系统是使用摄像头作为传感器，对包括车辆前方在内的车辆周围交通环境进行探测和识别的系统。视觉感知系统由摄像头、车载计算平台、中控显示屏及线束和插接件组成，如图 6-1 所示。

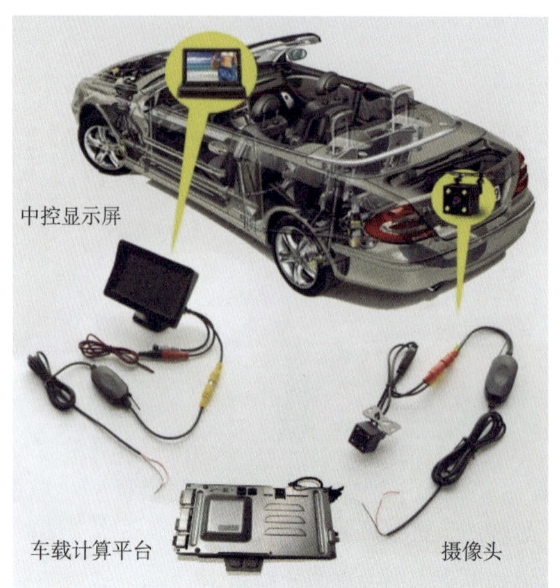

图 6-1 视觉感知系统组成

根据不同 ADAS 功能的要求，视觉感知系统可分为前视系统、后视系统、环视系统等类型。与系统类型对应，不同类型的摄像头具有不同的安装位置。前视摄像头安装于前风窗玻璃后方，与车内后视镜集成，位于车辆正中位置。前视摄像头具有长焦镜头和广角镜头，用于在较远距离和较广视野范围探测物体。后视摄像头安装于车辆后保险杠上方。环视摄像头安装于车身两侧前翼子板以及车身 B 柱等位置，用于为驾驶员补充视野盲区交通环境信息以及实现相关的 ADAS 功能。

车辆计算平台通常安装于车辆仪表板下方，其作用是处理摄像头拍摄的图像信息供驾驶员观看和 ADAS 使用。中控显示屏安装于座舱内仪表板正前方，其作用是显示摄像头画面或经过计算处理的环境特征图像，例如车道线、周围车辆信息等，如图 6-2 所示。

图 6-2 中控屏显示视觉感知系统探测结果

（2）视觉感知系统应用

视觉感知系统主要被用于驾驶员盲区监测、行人检测、交通信号装置检测、前向碰撞预警、车道保持辅助系统等重要功能中，其主要功能如下。

1）交通标志物识别

人类的视觉天生具有识别颜色和物体形状的功能，视觉感知系统也具有相应的拟人功能。视觉传感器在 ADAS 及自动驾驶系统中可快速识别交通信号灯信息、交通路牌和标志物语义，从而极大增强了车辆的智能化属性。

2）障碍物探测

视觉感知系统对车辆各方位障碍物的检测识别起到重要作用。根据摄像头成像与测距原理，通过视觉感知系统感知的信息，车辆计算单元可以获得障碍物与本车的距离，从而结合车速可得到预计碰撞时间并做出控制判断。

3）车道系统线识别

车辆使用车道保持辅助功能时，视觉感知系统作为子系统不断采集前方车道线信息，计算平台根据对图像中车道线的识别可获得车道线与本车的距离，另外还能获得车道线走向与车辆行驶方向的夹角，系统通过这些视觉感知信息预估车辆偏离车道的程度。由于车道线不具备三维形状，系统需要对车道信息进行远距离探测，因此视觉感知系统的技术优势可在车道保持辅助功能中充分发挥。

（3）交通信号灯（红绿灯）视觉识别工作过程

智能网联汽车单车智能系统使用视觉感知系统对红绿灯进行识别，主要的对象是红、黄、绿、黑、未知五种类型的信号灯。虽然交通信号灯一般工作时呈现红、黄、绿三种状态，但是车辆还必须具备识别交通信号灯不工作的状态，即显示为黑色，或者闪烁的红灯、黄灯。

与人类识别红绿灯的步骤相同，汽车在单车视觉识别红绿灯时也采用“先看后认”的识别过程。

1）“看”——视觉探测

在现实交通环境中，红绿灯有路侧较低位置和车道上方较高位置等不同的安装位置，因此视觉识别系统“看”红绿灯必须具备广阔的视野。由于单个固定视野的摄像头在交通信号灯安装位置很高以及路口很宽的情况下，存在视野盲区，因此车辆系统一般采用“多摄像头融合”的方式，即采用长焦和广角两个不同视野的摄像头配合完成工作以扩大感知视野，以下为一种典型的配备方式。

第 1 个摄像头是焦距为 16 mm 的长焦镜头，拍摄到图片中的信号灯较大，便于后期的识别，其缺点是视野窄，如果车道不够直，或者车辆离信号灯太近，信号灯都有可能落于在视野之外。

第 2 个摄像头是焦距为 6 mm 的广角镜头，用于对视野进行补充。

不同焦距摄像头的视野范围和拍摄效果对比如图 6–3 所示。实际工作中两个摄像头都会拍摄到红绿灯图像，即摄像头之间互为冗余，系统的智能控制模块会自动选取最优的拍摄图像进行处理。一般优先选择长焦镜头输出的图像，因为此图像中的信号灯显得更大。如果长焦镜头没有检测到信号灯，就需要迅速调取广角镜头图像，但此图像中的信号灯显示略小。

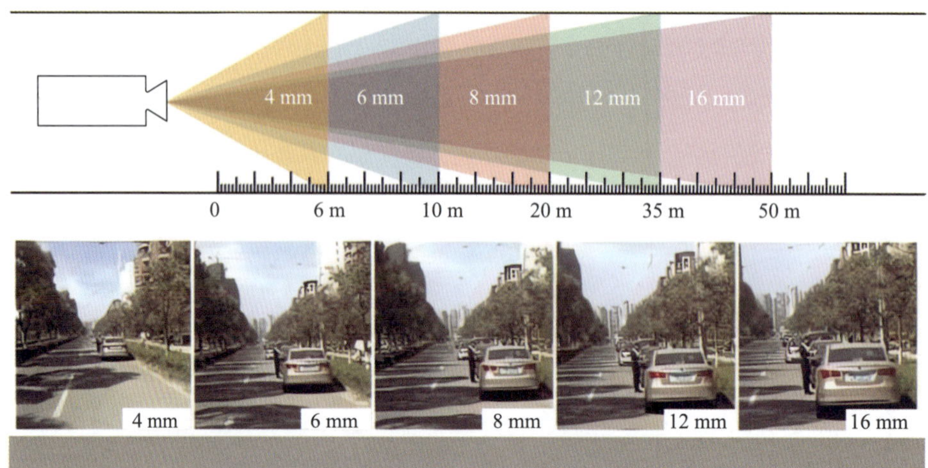

图 6-3　不同焦距摄像头的视野范围和拍摄效果对比

视觉系统可将拍摄的二维图像进行信息处理与存储，供识别时使用。

2）“认”——视觉识别

在视觉识别阶段，系统主要完成兴趣区域圈画、识别与修正三个过程。

兴趣区域（ROI，region of interest）圈画又被称为纠正，是对图片中红绿灯所在区域进行智能圈画，如图 6-4 所示。

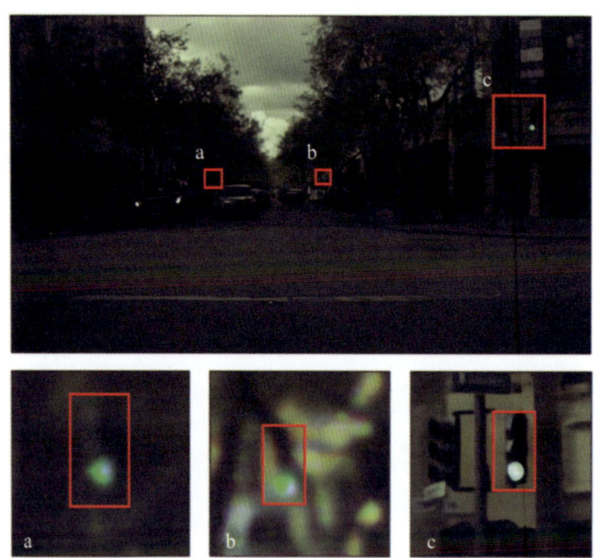

图 6-4　昏暗光线下 ROI 圈画

识别是指对圈画出的兴趣区域通过计算机算法进行识别。

修正是指对识别阶段得到的辨色结果进行调整。当系统直接识别出红色和绿色时，可以直接判断信号的含义；如果系统识别出黑色时，需要进一步判断信号灯被拍摄时刻是否恰好处于切换状态或信号灯

已损坏。具体方法就是通过调取几秒前的历史拍摄照片，如果连续为黑色，则判断信号灯已损坏，如果历史照片出现黄色，则需要进一步推理，出于交通安全考虑，车辆应在路口等待。

此外，智能网联汽车除了以上单车智能识别系统之外，也采用“车路协同＋高精度地图＋视觉识别”的组合方式，简称为 V2X 方式。一方面高精度地图提供当前车辆所在的车道信息及与红绿灯的距离信息，另一方面车辆与智能灯杆使用 V2X 技术进行通信，获得车辆红绿灯的状态信息，再配合视觉感知检测提供备份冗余，从而获取准确的红绿灯信号信息。

（4）红绿灯识别算法

在计算机视觉技术领域，红绿灯检测属于小物体检测。小物体检测是指红绿灯在一幅图像上所占的像素比极小，并且不同于车辆与行人的检测，红绿灯所能提取的特征有限，基本上只有颜色特征和很小的形状特征。此外，红绿灯检测如果出现误检或漏检造成车辆错误驶入路口，会发生严重的交通事故，因此红绿灯识别算法对安全来说至关重要。

传统的红绿灯识别算法分为基于颜色和边缘信息的检测算法与基于背景抑制的检测算法两种。

基于颜色和边缘信息的检测算法是直接使用在图像中颜色与形状特征进行识别，通过设置简单的颜色阈值区分颜色，并通过颜色直接进行 ROI 圈画，其优点是算法简单，其缺点是检测的准确率较低。

基于背景抑制的检测算法是通过图像中的颜色区分画面的前景与背景，自适应进行背景抑制以突出前景（背景抑制），以进行准确的 ROI 圈画，其优点是适用于多种光线下的场景，识别率较高。

随着汽车自动驾驶功能的升级，作为关键技术的红绿灯识别也逐步采用更加高级的算法以获取更高的准确率。目前，在传统识别算法的技术上，特征金字塔网络、特征融合等基于深度学习的计算机识别算法正逐步应用于智能网联汽车。

（5）整车红绿灯识别系统综合测试

整车红绿灯识别系统综合测试主要包括红绿灯识别系统启动测试和整车红绿灯识别系统运行测试两个部分。

1）红绿灯识别系统启动测试

红绿灯识别系统启动测试的工作步骤是根据测试方案，在车辆正前方设置红绿灯信号装置，启动车辆，然后连接通信模块，启动红绿灯识别系统，开启车辆自动驾驶模式。

测试项目包括：检测红绿灯识别系统是否能正常启动，启动过程是否存在系统报错或者启动缓慢问题；红绿灯识别系统是否运行正常，判断标准是中控屏是否出现对红绿灯的 ROI 圈画，圈画是否准确框选红绿灯，识别结果是否正确显示；车辆在红绿灯识别系统开启下，自动驾驶功能是否可以正常开启。

2）整车红绿灯识别系统运行测试

整车红绿灯识别系统运行测试在场地规划区域进行。根据测试方案，在道口设置红绿灯信号装置，红绿灯识别系统和自动驾驶功能开启后，使车辆沿直行车道或者环形车道行驶。

测试项目主要包括：查看车辆是否可正确识别红绿灯，是否可以红灯时在停车线之前完成停车，是否可以在绿灯时启动车辆继续行驶，安全通过路口。

（6）测试常见问题

单车智能红绿灯识别是基于视觉的识别技术，识别效果与光线、环境等外界因素紧密相关。测试场地的光线变化对测试结果存在影响。在环境光照较低，红绿灯亮度较高时，系统表现较好。

测试时考虑到系统漏检、误检以及性能不良等问题，车辆前方严禁站人，以避免发生碰撞事故。

2. 技能操作

（1）操作准备

准备技能操作所需的物料，见表 6-1 物料准备。

表 6-1　物料准备

类别	所需物料
教学整车 / 实训平台	智能网联实训汽车或智能驾驶教学平台
仪器、设备、工具	车辆技术手册、秒表

（2）启动系统

按照车辆技术手册启动车辆并开启红绿灯识别系统和自动驾驶系统，将工作内容记录在表 6-2 工作记录表中。

表 6-2　工作记录表

序号	项目	指令代码或操作内容	车辆、系统工作是否正常	车辆、系统状态描述
示例	启动车辆系统	roscore	是□　否□	操作界面显示，系统成功启动
1	启动车辆		是□　否□	
2	连接通信模块		是□　否□	
3	启动红绿灯识别系统		是□　否□	
4	开启自动驾驶模式		是□　否□	

（3）红绿灯识别系统启动测试

将红绿灯识别系统启动测试结果规范记录在表 6-3 中。

表 6-3　工作记录表

序号	测试项目	测试结果	测试结果判定	备注
1	红绿灯识别系统启动状态	操作界面显示信息：	正常□ 异常□	
2	红绿灯识别系统启动速度	系统启动时间：	正常□ 异常□	
3	红绿灯识别系统运行状况	ROI 圈画情况： 红绿灯识别情况： 红灯 – 绿灯 – 黄灯 –	正常□ 异常□	
4	自动驾驶系统启动状态	操作界面显示信息： 系统启动所需时间：	正常□ 异常□	

（4）整车红绿灯识别系统运行测试

将整车红绿灯识别系统运行测试结果规范记录在表 6-4 中。

表 6-4 工作记录表

序号	测试项目	测试结果	测试结果判定	备注
1	红绿灯识别系统运行状况	ROI 圈画情况： 红绿灯识别情况： 红灯 - 绿灯 - 黄灯 -	正常□ 异常□	
2	路口红绿灯识别与车辆运行状况	是否完成红灯停车 是□ 否□ 是否完成绿灯车辆启动 是□ 否□ 绿灯亮起到车辆启动之间的时间间隔：	正常□ 异常□	

（二）车道线识别系统综合测试

1. 知识学习

（1）车道线识别应用场景

车道线是用来管制和引导交通的一种标线，由标画于路面上的线条、箭头、文字、标记和轮廓标识等组成。车道线识别是智能网联汽车 ADAS 中的基础功能，在协助车辆路径规划和偏移预警等方面具有关键作用。目前车道线识别主要通过视觉感知系统进行，如图 6-5 所示。

车道线识别技术一般用于车道边线识别和车道中线循线两种场景。

1）一般智能网联汽车在高速行驶时，通过识别车道两侧边线来确定可行驶区域（系统中一般标记为绿色区域），当车辆即将驶出该区域时，自动驾驶转向系统操控车辆，纠正方向偏离。

2）低速自动驾驶车辆在沿着地面提前施画的路径线行驶时，一般采用车道线识别技术进行车道中

线循线，始终保持车辆中心行进轨迹与探测到的一根车道线中线重合，即可实现循线行驶，如图 6-6 所示。

图 6-5　车道线识别结果

图 6-6　车道中线循线

（2）车道线识别工作原理

利用视觉系统进行车道线检测的方法主要分为基于道路特征的识别方法和道路模型的识别方法两种。

1）基于道路特征的识别方法

基于道路特征的识别方法主要是利用车道线与道路之间的物理结构差异对图像进行分割和处理，突出道路特征，实现车道线检测。

基于道路特征的识别方法根据所提取的特征不同又可分为基于颜色特征、纹理特征和多特征融合等三种方法。基于颜色特征进行识别的算法结构简单，适用于路面平整、车道线清晰的结构化道路的交通情况。基于纹理特征进行识别的算法主要通过对包含多个像素点的区域中的纹理强度和纹理方向进行计算，从而对车道线进行识别，其抗噪能力较强，但是二维图像中提取的纹理特征与三维物体实际的纹理会有差别，对识别的准确性有影响。基于多特征融合进行识别的算法是灵活运用多种道路特征来进行车道线检测，识别准确度高。

2）基于道路模型的识别方法

车道线的基本模型为直线和曲线。基于道路模型的识别方法主要利用不同的道路图像模型（直线型、抛物线型、复合型），对模型中的参数进行估计与确定，最终与车道线进行拟合。

此外，近年来随着深度学习算法的进步，基于视觉的车道线识别也逐渐采用深度学习算法完成工作，具有较好的识别效果。

（3）整车车道线识别系统综合测试

整车车道线识别系统综合测试首先要确定应用场景，即是进行车道边线识别还是进行车道中线循线。

在确认应用场景后，整车车道线识别综合测试主要开展车道线识别系统启动测试和整车车道线识别运行测试两项任务。

1）车道线识别系统启动测试

根据测试方案，选择带有车道线的测试场地。启动车辆系统，连接通信模块，启动车道线识别系统，开启车辆自动驾驶模式。测试项目包括：检测车道线识别系统是否能正常启动，启动过程是否存在系统报错或者启动缓慢问题；车道线识别系统是否运行正常，判断标准可主要观察中控屏中所显示的识别结果与实际车道线的偏差量；车辆在车道线识别系统开启下，自动驾驶功能是否可以正常开启。

2）整车车道线识别系统运行测试

在场地规划区域，分别沿直行车道和环形车道进行测试行驶，观察车辆是否可在行驶全程正确识别车道线。

2. 技能操作

（1）操作准备

准备技能操作所需的物料，见表 6–5。

表 6–5 物料准备

类别	所需物料
教学整车 / 实训平台	智能网联实训汽车或智能驾驶教学平台
仪器、设备、工具	车辆技术手册、秒表

（2）启动系统

按照车辆技术手册启动车辆并开启车道线识别系统和自动驾驶系统，将工作内容分别记录在表 6–6 和表 6–7 中。

表 6-6　工作记录表

项目	内容	备注
车道线识别系统应用场景	车道边线识别 □　车道中线循线 □	

表 6-7　工作记录表

序号	项目	指令代码或操作内容	车辆、系统工作是否正常	车辆、系统状态描述
示例	启动车辆系统	roscore	是 □　否 □	操作界面显示，系统成功启动
1	启动车辆		是 □　否 □	
2	连接通信模块		是 □　否 □	
3	启动车道线识别系统		是 □　否 □	
4	开启自动驾驶系统		是 □　否 □	

（3）车道线识别系统启动测试

将车道线识别系统启动测试结果规范记录在表 6-8 中。

表 6-8　工作记录表

序号	测试项目	测试结果	测试结果判定	备注
1	车道线识别系统启动功能状态	操作界面显示信息：	正常□ 异常□	

续表

序号	测试项目	测试结果	测试结果判定	备注
2	车道线识别系统启动速度	系统启动时间：	正常□ 异常□	
3	车道线识别系统运行状况	车道识别偏差情况描述：	正常□ 异常□	
4	自动驾驶系统启动状态	操作界面显示信息： 系统启动所需时间：	正常□ 异常□	

（4）整车车道线识别系统运行测试

将整车车道线识别系统运行测试结果规范记录在表 6-9 中。

表 6-9　工作记录表

测试项目	测试结果	测试结果判定	备注
车道线识别系统运行状况	直行车道线识别情况： 环形车道线识别情况：	正常□ 异常□	

检查评估

对本任务的学习情况进行检查，并将相关内容填写在表 6–10 中。

表 6–10　检查表

检查项目	检查结果	结果点评
红绿灯识别系统综合测试		
是否能够规范启动红绿灯识别程序	是☐　否☐	
是否能够完成红绿灯识别系统运行状况测试	是☐　否☐	
是否能够完成红灯停车测试	是☐　否☐	
是否能够完成绿灯车辆启动测试	是☐　否☐	
车道线识别系统综合测试		
是否能够规范启动车道线识别程序	是☐　否☐	
是否能够完成直行车道线识别测试	是☐　否☐	
是否能够完成环形车道线识别测试	是☐　否☐	
整理及恢复		
设备是否整理恢复或设置围栏	是☐　否☐	
实训工位是否打扫干净	是☐　否☐	
工作页是否填写完整	是☐　否☐	

任务小结

本任务小结如图 6–7 所示。

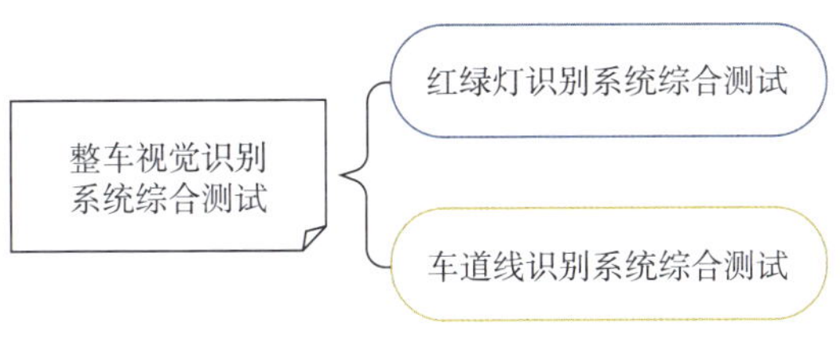

图 6–7　本任务小结

任务七 自适应巡航控制（ACC）系统测试

任务导入

场景：某国产自主品牌汽车整车试验部

人物：主任试验工程师李工、实习试验技师小刚

情节：本月整车试验部接到的任务是对新款车型的ADAS进行全面测试。小刚知道，ADAS是驾驶员的好帮手，“但是今天我们测试的ACC系统有什么能力呢？”小刚问李工。李工告诉小刚：“ACC系统是一种车辆纵向控制的ADAS。”你是否也和小刚一样，想亲自动手来试试ACC系统呢？

任务目标

- 能根据ACC系统结构组成，规范完成ACC系统部件检查以及相关测试准备工作。
- 能根据车辆技术手册，准确复述ACC系统控制策略。
- 能根据ACC系统测试目标与测试方法，规范完成ACC系统综合测试。

任务实施

（一）测试准备

1. 知识学习

（1）ACC系统定义

自适应巡航控制（ACC，adaptive cruise control）系统是通过对本车车速的控制使汽车可自主在系统开启全程，始终与前车保持安全车距的一种先进驾驶辅助系统，如图7-1所示。ACC系统常用的使用

场景包括快速车道、高速公路、一般拥堵路段的行驶，以及车辆编队行驶。在这些驾驶场景中，ACC 系统可以极大减轻驾驶员的疲劳强度，有效避免车辆追尾事故的发生，全面提升车辆的舒适性与安全性。ACC 系统也被一些车企命名为主动巡航系统。

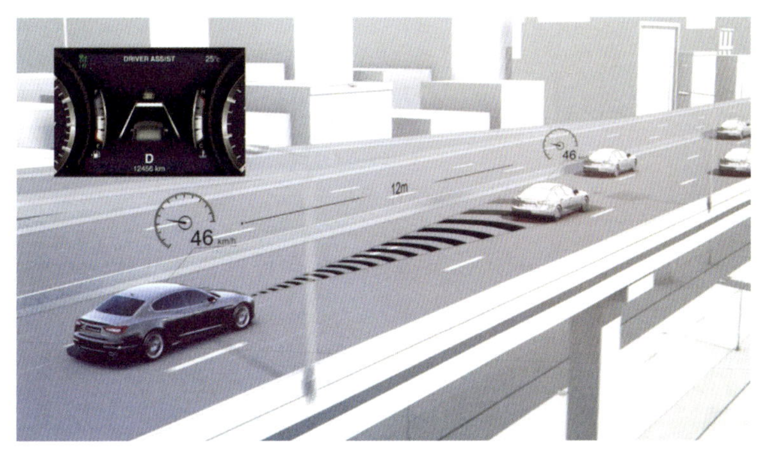

图 7-1 ACC 系统工作示意图

ACC 系统是在常规巡航控制系统的基础上发展而来的。常规巡航控制系统又称为定速巡航控制系统，是可实现车辆按照驾驶员预先设定车速自主行驶的辅助驾驶系统。ACC 系统在常规巡航控制系统功能的基础上，通过加装于车辆前方的环境感知传感器，实现了可自主控制两车距离的先进功能。随着智能网联汽车技术的发展，目前量产新车型的 ACC 系统功能更加强大，可以实现在百分之百全速度范围内的巡航控制，可以实现车辆在高速、堵车、起步等各种行驶场景下的车距控制。

（2）ACC 系统组成

ACC 系统由信息采集组件、控制组件、执行组件、人机交互界面组件组成，见表 7-1 所示。

表 7-1 ACC 系统组成

组件名称	典型部件
信息采集组件	测距传感器、轮速传感器、转向角传感器等
控制组件	驾驶辅助系统处理器、发动机电控单元（ECU）、整车控制单元（VCU）、制动控制器等车辆电控单元
执行组件	制动器、发动机节气门等
人机交互界面组件	操纵拨杆、转向盘按键、中控显示屏、数字仪表

各汽车厂家的 ACC 系统所采用的测距传感器技术方案存在差异，比较典型的是同时使用毫米波雷达和前视摄像头进行与前车的测距。毫米波雷达一般安装于车辆前保险杠内侧，可探测车辆前方 200 m 左右的距离。前视摄像头一般安装与车辆前风窗玻璃后侧，与车内后视镜集成。前后车轮上装有轮速传感器，用于实时获取车辆的行驶速度信息。转向角传感器安装在车辆转向管柱附近，用于判别车辆的行

驶方向。

控制组件主要用于结合车辆信息和 ACC 系统控制策略向各执行部件发送指令来控制车辆的行驶速度。执行组件主要用于车辆加速或者制动。人机交互界面主要用于驾驶员开启或关闭 ACC 系统、设定参数和显示相关的车辆信息。

不同车型的 ACC 系统部件存在差异，在对 ACC 系统进行测试准备时，需严格按照车辆技术手册所列部件进行检查。典型 ACC 系统各部件安装位置如图 7-2 所示。

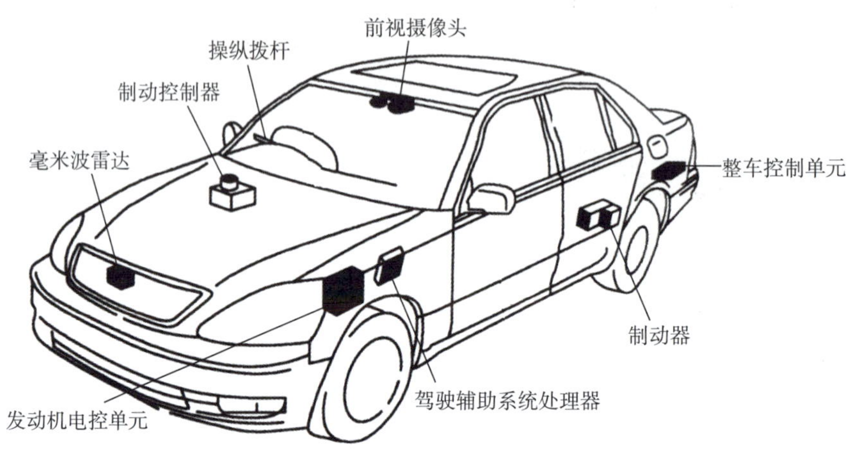

图 7-2　典型 ACC 系统各部件安装位置

（3）ACC 系统工作原理

ACC 系统工作过程中，车辆前部的测距雷达不断探测与前车的距离；同时，控制系统采集轮速传感器测得的汽车车轮速度来计算车辆的行驶速度；驱动系统作为执行组件始终控制车辆以设定的速度行驶。当靠近前方车辆且两车距离小于安全距离时，ACC 系统的控制组件通过控制驱动系统降低动力输出，同时制动器工作使车辆减速，确保始终与前方车辆保持一定的安全距离。ACC 系统工作原理如图 7-3 所示。

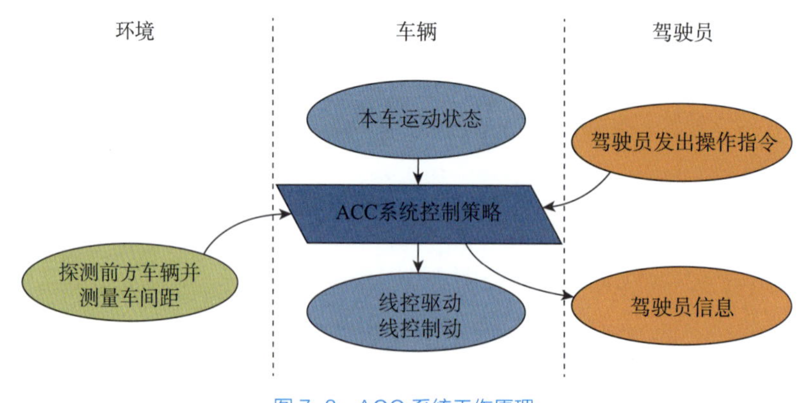

图 7-3　ACC 系统工作原理

（4）ACC 系统的工作过程和基本控制策略

ACC 系统的工作过程包含关闭、等待、工作三种工作状态，其中工作状态又分为车速控制和车距控制两个状态。工作状态之间可由驾驶员手动切换或系统根据控制策略自动切换，各工作状态及其转换如图 7–4 所示，ACC 系统从关闭状态由驾驶员开启后，系统首先进入等待状态，系统根据车厂设计的控制策略选择是否触发工作状态。在触发工作状态后，系统同样根据预先设定的策略在车速控制与车距控制之间进行自主切换。当工作状态不满足系统设定时，ACC 系统自动挂起，退出工作状态。

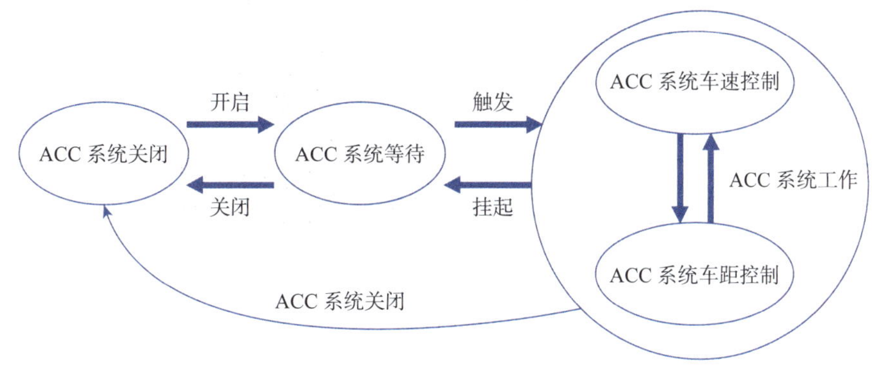

图 7–4　各工作状态及其转换

ACC 系统基本控制策略如下。

1）当 ACC 系统处于工作状态时，本车通过对速度的自主控制与前车保持一定的车距或按照预先设定的速度行驶，一般以两者中速度较低者为准。这两种模式的转换可由 ACC 系统自动完成。

2）在稳定状态下，车距可由系统自动调节或驾驶员设定。

3）当车速低于预先设定的最低工作车速时，禁止触发 ACC 工作状态。当系统正处于工作状态，但是某一时刻车辆车速低于最低工作车速时，系统将自动挂起。

4）当前方出现多辆车时，系统自动跟随与本车距离最近的前车。

各车企的 ACC 系统基于不同的设计理念在控制策略上存在差异，例如某智能网联汽车 ACC 系统在技术文件中规定如下。

未探测到前方有车辆时，开启 ACC 系统后，ACC 系统在车速高于 30 km/h 时才能进入工作状态。

探测到前方有车辆且与其相距至少 1.5 m 时，ACC 系统可在任何车速下（包括车辆静止状态下）进入工作状态。

在上例的控制策略中，该车型所规定的最小工作车速为 30 km/h，在系统触发部分加入了本车与前车距离作为判断条件之一。

（5）ACC 系统操控界面

ACC 系统操控界面如图 7–5 所示。

1）按下图中①所示 ACC 系统按键，即可开启系统。

2）通过按下图中的②和③按键，对 ACC 系统进行设定。

3）查看仪表中④所示指示灯是否点亮，ACC 系统是否开始工作。ACC 系统开启，但是处于等待时，指示灯一般为灰色；当 ACC 系统工作时，指示灯点亮为蓝色。

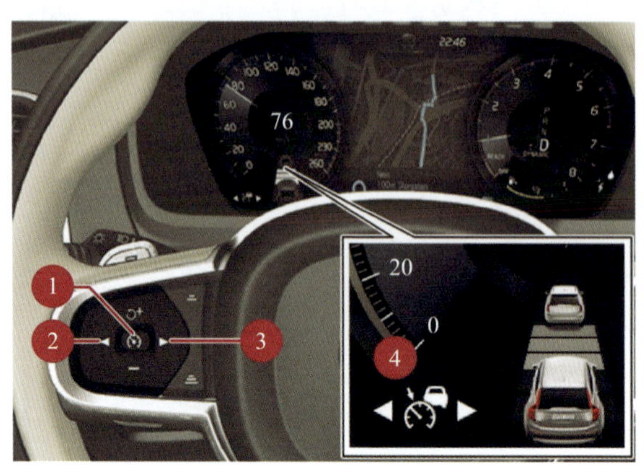

图 7-5　ACC 操控界面

2. 技能操作

（1）操作准备

准备技能操作所需的物料，见表 7-2。

表 7-2　物料准备

类别	所需物料
教学整车 / 实训平台	智能网联实训车辆或智能驾驶教学平台
仪器、设备、工具	车辆技术手册、工作手套

（2）ACC 系统检查

按照车辆技术手册，静态检查 ACC 系统各部件，将工作内容记录在表 7-3 中。

表 7-3　工作记录表

序号	组件	部件名称	安装位置	部件是否安装牢固	线束是否插接正常
1	信息采集组件			是□　否□	是□　否□
2				是□　否□	是□　否□
3				是□　否□	是□　否□
4				是□　否□	是□　否□
5				是□　否□	是□　否□
6				是□　否□	是□　否□

续表

序号	组件	部件名称	安装位置	部件是否安装牢固	线束是否插接正常
7	控制组件			是□　否□	是□　否□
8				是□　否□	是□　否□
9				是□　否□	是□　否□
10				是□　否□	是□　否□
11				是□　否□	是□　否□
12				是□　否□	是□　否□
13	执行组件			是□　否□	是□　否□
14				是□　否□	是□　否□
15				是□　否□	是□　否□
16				是□　否□	是□　否□
17				是□　否□	是□　否□
18				是□　否□	是□　否□
19	人机交互界面组件			是□　否□	是□　否□
20				是□　否□	是□　否□
21				是□　否□	是□　否□
22				是□　否□	是□　否□
23				是□　否□	是□　否□

（3）ACC 系统控制策略识读

根据车辆技术手册，将 ACC 系统控制策略填入表 7-4 中。

表 7-4　工作记录表

序号	项目	内容	备注
1	最小工作车速		
2	关键车距参数		
3	控制策略		

（二）ACC 系统综合测试

1. 知识学习

（1）ACC 系统综合测试项目

对 ACC 系统进行综合测试时，应重点测试工作状态切换能力、车速保持能力、跟车能力、人机交互能力等四类基本能力。

1）工作状态切换能力

工作状态切换能力是指 ACC 系统是否能够在车辆运行中正常进行各工作状态的切换。

2）车速保持能力

车速保持能力是指按照预设车速行驶时，ACC 系统是否可以良好的控制车速，使车速波动在较小的范围内。

3）跟车能力

跟车能力可细分为直道探测能力、目标识别能力、弯道适应能力。直道探测能力是指在车辆沿着直道行驶时，ACC 系统是否可以准确探测出与前车的车距。目标识别能力是指当车辆的前方（包括正前方与旁边车道前方）有多个车辆时，如图 7-6 所示，ACC 系统是否可以按照车辆技术手册准确定位目标测距车辆。弯道适应能力是指当前车以恒定速度在固定半径的弯道上行驶时，ACC 系统可以稳定地跟随前车行驶。

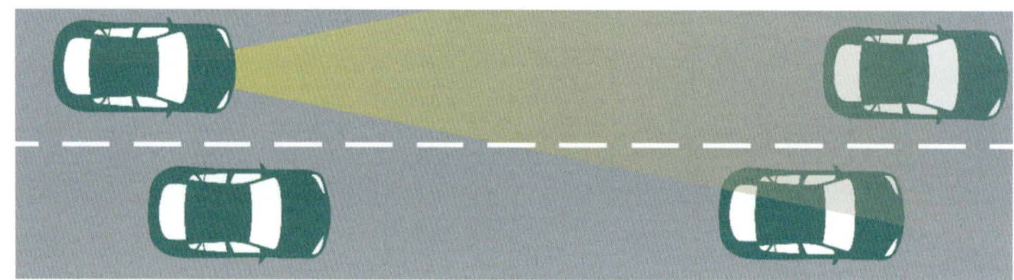

图 7-6 目标识别能力测试场景

4）人机交互能力

人机交互能力包括操作与系统反应、显示两项能力。操作与系统反应能力主要是要求 ACC 系统在驾驶员进行启动、车速或车距设定时可快速进行反应，系统响应过程平滑、迅速，无迟滞；ACC 系统在雨雪或环境能见度较低的环境下，系统状态需完全按照车辆技术手册规定表现，不得有性能衰退。显示功能主要是考察仪表或显示屏是否正常显示 ACC 系统工作状态、车辆相关信息（包括故障提示）。

ACC 系统测试的国家推荐标准为《智能运输系统自适应巡航控制系统性能要求与检测方法》（GB/T 20608—2006），各车企一般都参照此标准并在此基础上编制各自的测试项目。

（2）ACC 系统综合测试方法

ACC 系统综合测试一般在直道综合测试与弯道综合测试两个场景下开展各测试项目。

1）ACC 系统直道综合测试

测试场景道路为长直车道，如图 7-7 所示。

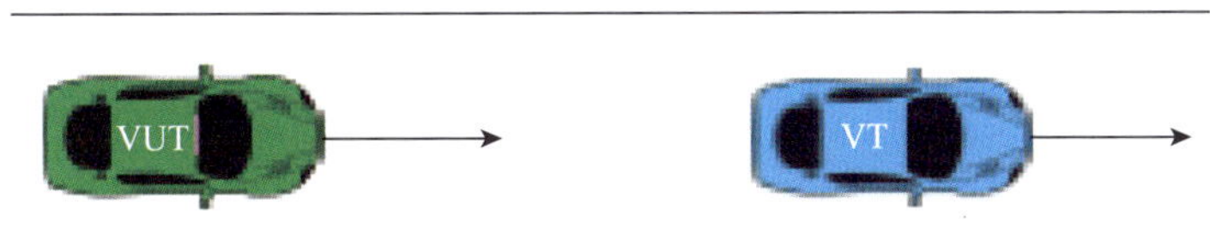

图 7-7　ACC 系统直道综合测试

在进行 ACC 系统直道综合测试时，试验车辆开启 ACC 系统，与前方目标车辆均以初始速度 5 m/s 的车速，沿直线车道中间匀速行驶，两车之间初始纵向间距为 10 m，横向距离偏差不超过 0.5 m。目标车辆车速在 1 s 内均匀减速至 3 m/s 之后保持该车速行驶，该状态维持至少 3 s，测试在均匀减速这段时间内试验车辆与目标车辆的纵向距离是否满足验证要求。测试通过标准如下。

①试验车辆应在自动减速之前发出报警信息，至少包含光学和声学报警信号。

②试验车辆与目标车辆始终保持（10 ± 0.5）m 的纵向距离。

③ ACC 系统工作状态切换、人机交互等各项功能均正常工作。

2）ACC 系统弯道综合测试

测试场景道路为至少包含一条弯道的车道，如图 7-8 所示。

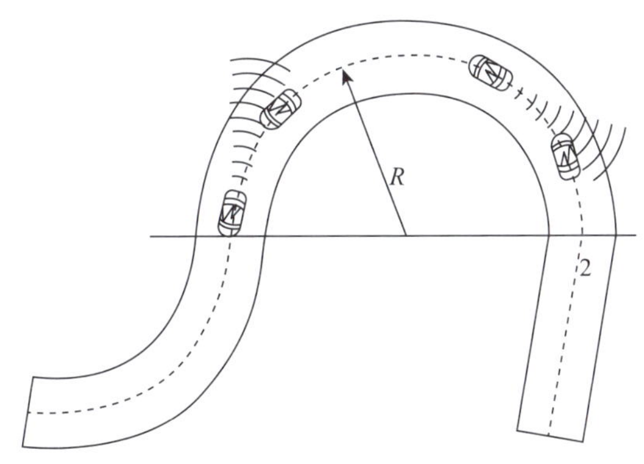

图 7-8　ACC 系统弯道综合测试

在进行 ACC 系统弯道综合测试时，试验车辆开启 ACC 系统，与前方目标车辆均以初始速度 5 m/s 的车速沿弯道中间匀速行驶，两车之间沿车道线的初始间距为 15 m，横向距离偏差不超过 0.5 m。目标车辆车速在 1 s 内均匀减速至 3 m/s 之后保持该车速行驶，该状态维持至少 3 s，测试在均匀减速这段时间内试验车辆与目标车辆的沿车道中心线的纵向距离是否满足验证要求。测试通过标准如下。

①试验车辆应在 1 s 内检测出目标车辆并减速，在自动减速之前发出报警信息，至少包含光学和声学报警信号。

②自动控制车速使试验车辆与目标车辆始终保持（10 ± 0.5）m 以上的纵向距离。

③试验车辆始终在曲线车道内行驶，与车道中心线横向偏差不超过 0.2 m。

④ ACC 系统工作状态切换、人机交互等各项功能均正常工作。

以上为测试方法示例，具体实施测试时需根据车辆技术文件和实际测试条件确定。

2. 技能操作

（1）操作准备

准备技能操作所需的物料，见表 7–5。

表 7–5　物料准备

类别	所需物料
教学整车 / 实训平台	智能网联实训汽车或智能驾驶教学平台
仪器、设备、工具	车辆技术手册

（2）ACC 系统直道综合测试

根据车辆技术手册，将 ACC 系统直道综合测试过程与结果填入表 7–6 中。

表 7–6　工作记录表

序号	项目	内容	备注
1	测试项目	ACC 系统直道综合测试	
2	测试通过标准		
3	测试步骤		
4	测试结果		
5	测试评价与简要说明	是否达到测试通过标准　是□　否□	

（3）ACC 系统弯道综合测试

根据车辆技术手册，将 ACC 系统弯道综合测试过程与结果填入表 7-7 中。

表 7-7　工作记录表

序号	项目	内容	备注
1	测试项目	ACC 系统弯道综合测试	
2	测试通过标准		
3	测试步骤		
4	测试结果		
5	测试评价与简要说明	是否达到测试通过标准　是□　否□	

检查评估

对本任务的学习情况进行检查，并将相关内容填写在表 7-8 中。

情境二

表 7-8　检查表

检查项目	检查结果	结果点评
测试准备		
是否正确描述 ACC 系统各项功能	是□　否□	
是否全面检查所有 ACC 系统部件	是□　否□	
是否正确识读 ACC 系统各工作状态切换条件	是□　否□	
综合测试		
是否完成全部测试任务	是□　否□	
是否完成测试结果记录与评价	是□　否□	
整理恢复及其他		
是否将工具、设备整理恢复	是□　否□	
是否在工作中发挥团队合作精神	是□　否□	
是否将实训工位打扫干净	是□　否□	
是否将工作页填写完整	是□　否□	

任务小结

本任务小结如图 7-9 所示。

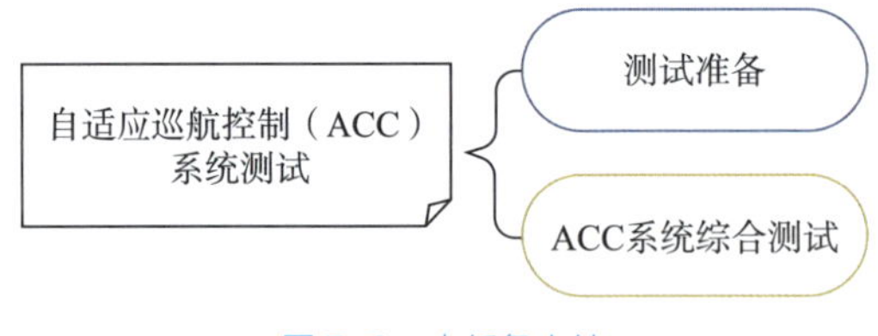

图 7-9　本任务小结

任务八
车道保持辅助（LKA）系统测试

任务导入

场景： 某国产自主品牌汽车整车试验部

人物： 主任试验工程师李工、实习试验技师小刚

情节： 本月整车试验部的 ADAS 测试任务还在继续，小刚接下来要跟随李工进行 LKA 系统的测试。“李工，ACC 系统可以控制车辆的行驶速度，那么车辆的方向可以被智能控制吗？”小刚问道。李工告诉小刚，今天的工作正好可以用来回答他的问题。请跟随李工和小刚的工作，来寻找这个问题的答案吧。

任务目标

- 能根据 LKA 系统结构组成，规范完成 LKA 系统部件检查以及相关测试准备工作。
- 能根据 LKA 系统测试目标与测试方法，规范完成 LKA 系统综合测试。

任务实施

（一）测试准备

1. 知识学习

（1）LKA 系统定义

车道保持辅助（LKA，lane keeping assist）系统属于智能驾驶辅助系统中的一种，是通过环境感知传感器识别本车相对于车道中央的位置，当车辆偏离车道时，向驾驶员发出警告或通过自动转向干预使车辆重新回到车道内，其主要用于辅助驾驶员将车辆保持在车道线内行驶，是车道偏离预警（LDW，lane

情
境
二

departure warning）系统加入了横向运动控制功能后的进一步升级，其控制逻辑如图 8–1 所示。

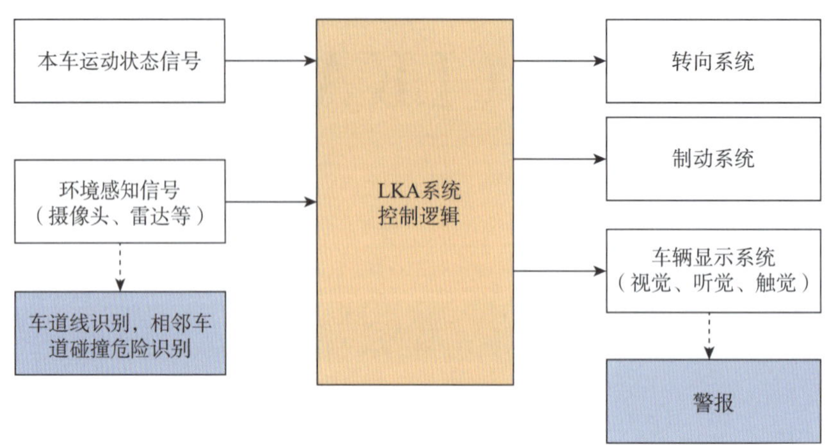

图 8–1　LKA 系统控制逻辑

（2）LKA 系统应用场景

LKA 系统适用于高速公路和路况良好的普通公路，在 LKA 系统功能开启状态下且车速超过 60 km/h 会被激活，激活时通常会在组合仪表上进行图文或声音提示。当车辆靠近识别出的边界线而要驶离该车道时，通过转向盘振动或声音向驾驶员发出触觉或听觉警告，同时组合仪表上会对偏离状态进行提示，图 8–2 所示为 LKA 系统车道保持功能激活画面。这种转向盘振动警告在车辆靠近和穿过车道边界线时只出现一次。只有当在第一次警告出现后车辆已离相应的车道边界线足够远而随后又再次靠近这个边界线时，才会第二次发出这种警报。这样就可防止车辆在与车道边界线平行行驶时持续出现这种警告。

图 8–2　LKA 系统车道保持功能激活画面

LKA 系统发出警告后，根据驾驶员的反馈行为，有如下应用场景。

1）若驾驶员打转向灯，进行正常变道时，LKA 系统识别到驾驶员的变道意图，则不再进行干预。

2）若驾驶员未做出回应，LKA 系统则会主动进行转向修正，使车辆驶回原车道。

3）若驾驶员坚持不打转向灯，强行控制转向盘变道，越过车道线后，LKA 系统会重新识别新车道两边的车道线并进行车道保持辅助。

LKA 系统虽然可以短时间内解放驾驶员的双手，但若超过一定时间不握转向盘，系统会进行脱手警告，如图 8–3 所示为 LKA 系统脱手报警提示，此时驾驶员应手握转向盘。若长时间不握转向盘，LKA 系统将会自动退出，如图 8–4 所示。

图 8–3　LKA 系统脱手报警提示

图 8–4　LKA 系统退出提示

LKA 系统的核心是用于检测车道线的摄像头，通常安装在内后视镜前面的风窗玻璃上，如图 8–5 所示。因此，当摄像头出现故障或被遮挡，车道线不清晰，遇上大雨、沙尘暴、雾霾等恶劣天气，黑夜光线弱等情况，导致摄像头不能有效识别车道线时，系统就会失效并主动关闭该功能。此时，组合仪表上会同步进行图文或声音提示，对驾驶员进行报警。除此之外，以下几种情况，也会导致 LKA 系统失效而无法正常工作：车速太高或车速太低；车道特别窄或特别宽；车辆在无分道线的区域行驶，如在收费站或检查站前或在交叉路口等；在急转弯路段行驶；变道相关侧的转向灯打开时；驾驶员松开转向盘的时间太久；踩制动踏板太重；转向盘转动速度太大；本车的横向速度过小；与对向来车的纵向距离或横向距离太远。

图 8-5　LKA 系统车道线检测

（3）LKA 系统按键布置与显示

由于 LKA 系统是 LDW 系统的功能升级，在很多汽车上仍会设有一个独立按键，进行 LKA 系统的开启和关闭设置。按键上的图标与 LDW 系统一致，如图 8-6 所示为 LKA 系统按键，而随着各种 ADAS 功能在汽车上的常态化应用，很多汽车品牌也将 ADAS 功能的设置操作进行集成设置，采用转向盘按键操作与仪表显示组合的方式进行设置。

图 8-6　LKA 系统按键

2. 技能操作

（1）操作准备

准备技能操作所需的物料，见表 8-1 物料准备。

表 8-1　物料准备

类别	所需物料
教学整车 / 实训平台	智能网联实训汽车或智能驾驶教学平台
仪器、设备、工具	车辆技术手册、工作手套、停车楔

（2）LKA 系统检查

按照车辆技术手册，静态检查 LKA 系统各部件，将工作内容记录在表 8-2 中。

表 8-2　工作记录表

序号	部件名称	安装位置	部件是否安装牢固	线束是否插接正常
1			是□　否□	是□　否□
2			是□　否□	是□　否□
3			是□　否□	是□　否□
4			是□　否□	是□　否□
5			是□　否□	是□　否□
6			是□　否□	是□　否□
7			是□　否□	是□　否□
8			是□　否□	是□　否□
9			是□　否□	是□　否□
10			是□　否□	是□　否□
11			是□　否□	是□　否□
12			是□　否□	是□　否□
13			是□　否□	是□　否□
14			是□　否□	是□　否□
15			是□　否□	是□　否□

（二）综合测试

1. 测试步骤

车道保持辅助系统功能检查分为启动车辆、按键检查、功能检查、关闭车辆四个步骤。其中功能检查可判断系统能否正常进行模式选择。若按键无法正常反馈需要转至维修部门进行故障维修。

2. LKA 系统测试方法

本节中测试方法中的参数与测试通过标准供参考使用，具体实施时需根据试验车辆技术文件和实际测试条件确定。

（1）测试场景

LKA 系统测试场景有车辆左侧偏离出实、虚车道线，车辆右侧偏离出实、虚车道线，分别如图 8-7 至图 8-10 所示。

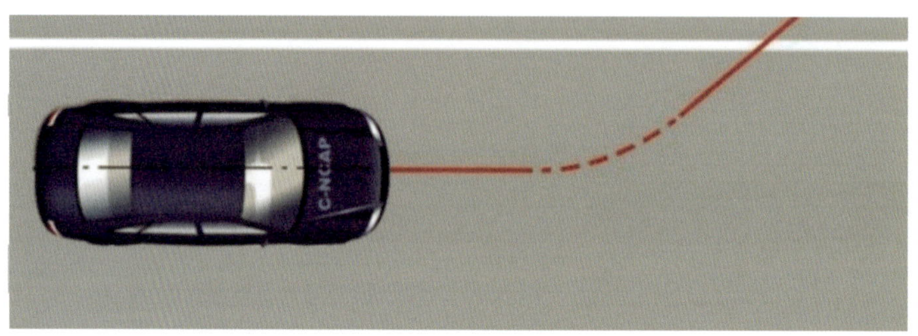

图 8-7　车辆左侧偏离实车道线测试场景

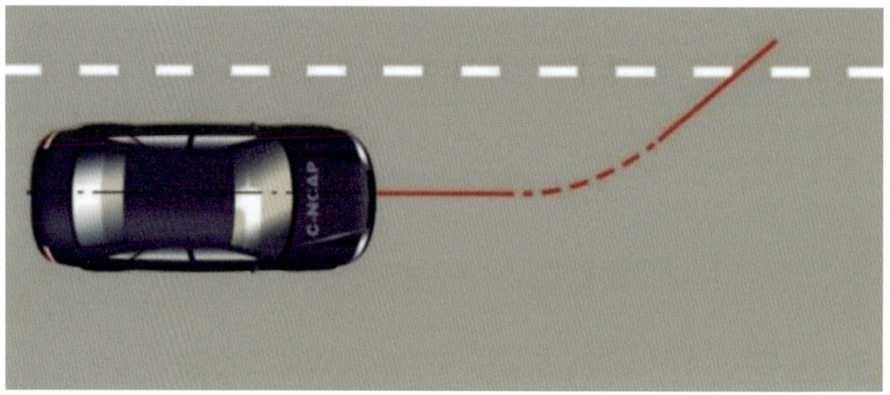

图 8-8　车辆左侧偏离虚车道线测试场景

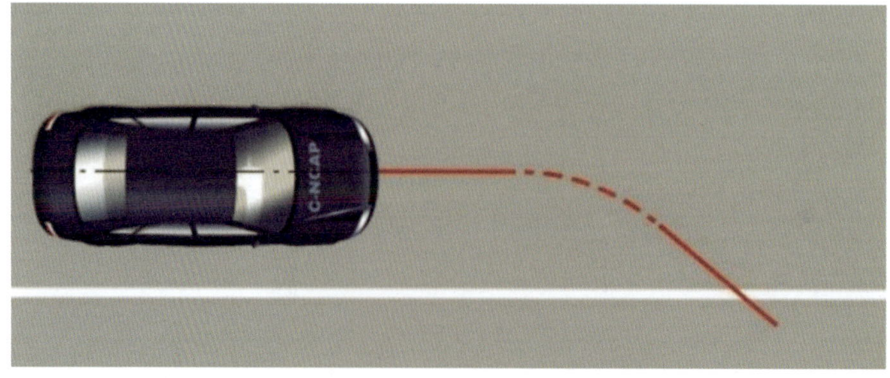

图 8-9　车辆右侧偏离实车道线测试场景

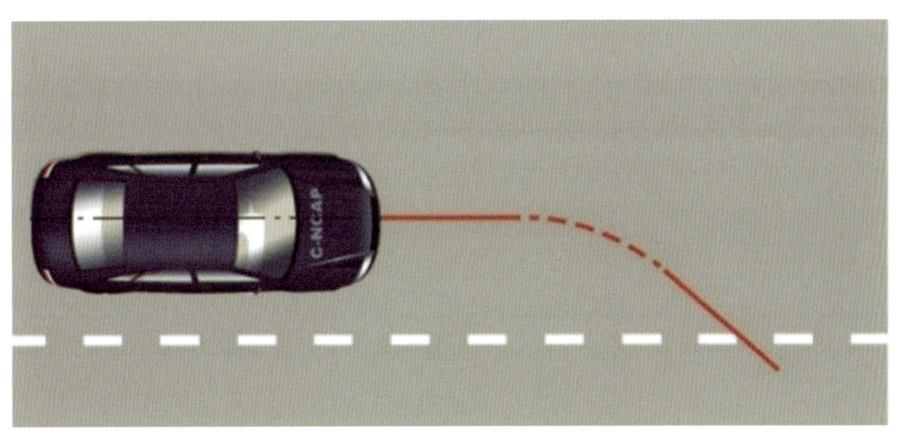

图 8-10　车辆右侧偏离虚车道线测试场景

（2）测试项目与测试条件

测试项目分为实线测试与虚线测试，测试项目与测试条件见表 8-3。

表 8-3　测试项目与测试条件

测试场景	偏离方向	测试速度 /（km/h）	偏离速度 /（m/s）
实线	左侧	80	0.2、0.3、0.4、0.5
	右侧	80	0.2、0.3、0.4、0.5
虚线	左侧	80	0.2、0.3、0.4、0.5
	右侧	80	0.2、0.3、0.4、0.5

3. 技能操作

（1）操作准备

准备技能操作所需的物料，见表 8-4。

表 8-4　物料准备

类别	所需物料
教学整车 / 实训平台	智能网联实训汽车或智能驾驶教学平台
仪器、设备、工具	车辆技术手册

（2）LKA 系统综合测试

根据车辆技术手册，将 LKA 系统综合测试过程与结果填入表 8-5 中。

表 8-5　工作记录表

序号	项目	内容	备注
1	测试项目	LKA 系统综合测试	

情境二

续表

序号	项目	内容	备注
2	测试通过标准		
3	测试步骤		
4	测试结果		
5	测试评价与简要说明	是否达到测试通过标准　是□　否□	

检查评估

对本任务的学习情况进行检查，并将相关内容填写在表 8-6 中。

表 8-6　检查表

检查项目	检查结果	结果点评
测试准备		
是否正确描述 LKA 系统各项功能	是□　否□	
是否全面检查所有 LKA 系统部件	是□　否□	

续表

检查项目	检查结果	结果点评
综合测试		
是否正确完成 LKA 系统综合测试步骤	是□　否□	
是否完成全部测试任务	是□　否□	
是否完成测试结果记录与评价	是□　否□	
整理恢复及其他		
是否将工具、设备整理恢复	是□　否□	
是否在工作中发挥团队合作精神	是□　否□	
是否将工作页填写完整	是□　否□	
是否将实训工位打扫干净	是□　否□	

任务小结

本任务小结如图 8-11 所示。

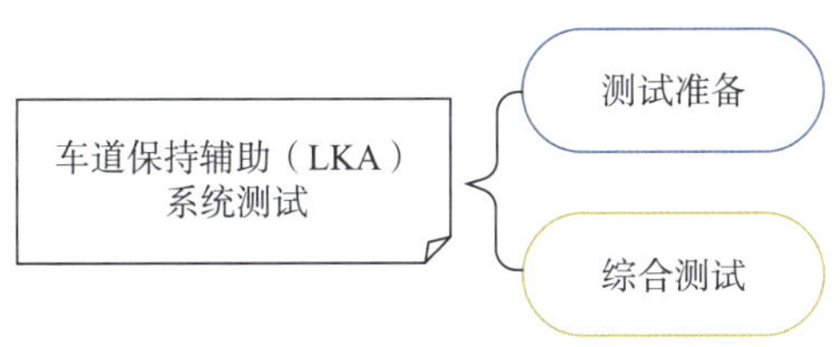

图 8-11　本任务小结

任务九
自动紧急制动（AEB）系统测试

任务导入

场景：某国产自主品牌汽车整车试验部

人物：主任试验工程师李工、实习试验技师小刚

情节：本月整车试验部的 ADAS 测试工作还在继续。小刚通过参与测试，对智能驾驶辅助系统为车辆带来安全性有了更深的了解。李工说："ADAS 始终在不断进化，其中 AEB 系统就是一个很好的例子，也正好是我们今天测试的对象。"请你跟随李工和小刚，开始今天的工作吧。

任务目标

- ▸ 能根据 AEB 系统结构组成，规范完成 AEB 系统部件检查及相关测试准备工作。
- ▸ 能根据车辆技术手册，确认 AEB 系统各工作阶段的功能。
- ▸ 能根据 AEB 系统测试目标与测试方法，规范完成 AEB 系统综合测试。

任务实施

（一）测试准备

1. 知识学习

（1）AEB 系统定义与功能

自动紧急制动（AEB，autonomous emergency braking）系统是指车辆在正常行驶过程中，当车辆探测到与前方障碍物距离小于安全距离时，自主进行车辆制动和安全提示以避免碰撞事故发生的一种 ADAS，

如图 9-1 所示。

图 9-1　AEB 系统工作示意

AEB 系统是 ADAS 中最典型的一种主动安全系统（active safety system），其聚焦于交通系统中本车及其他交通参与者的安全，特别是行人的安全。AEB 系统可作用在驾驶员注意力不集中或驾驶疲劳、前方突然出现掉落货物、前车突然减速、行人突然从道旁出现等诸多极易发生事故的时刻，相关调研报告给出配装 AEB 系统的车辆，其追尾事故发生概率为未配装车型事故发生率的 50%。有交通研究机构预计，AEB 系统将会是未来最有可能被作为法律强制安装的 ADAS。AEB 系统测试场景如图 9-2 所示。

图 9-2　AEB 系统测试场景

（2）AEB 系统工作过程

AEB 系统的基本设计概念是当车辆探测到危险时，迅速代替驾驶员进行车辆紧急制动直至完全停车，但是应用于具体车型上时，车企通常会为这项技术添加更多的附属功能以兼顾驾乘人员的舒适性感受。图 9–3 所示为进化型碰撞缓解制动系统的工作过程。

1）当车辆探测到与前车存在发生碰撞可能时，系统通过警告音和仪表盘指示灯两种形式提醒驾驶员迅速采取避让或制动措施。

2）当车辆探测到与前车车距进一步减小，驾驶员还没有动作时，系统实施轻微制动，并以缩紧安全带的体感形式再次提醒驾驶员对车辆进行操作。

3）当车辆探测到与前车即将发生碰撞时，系统会实施强力制动，避免碰撞事故的发生。

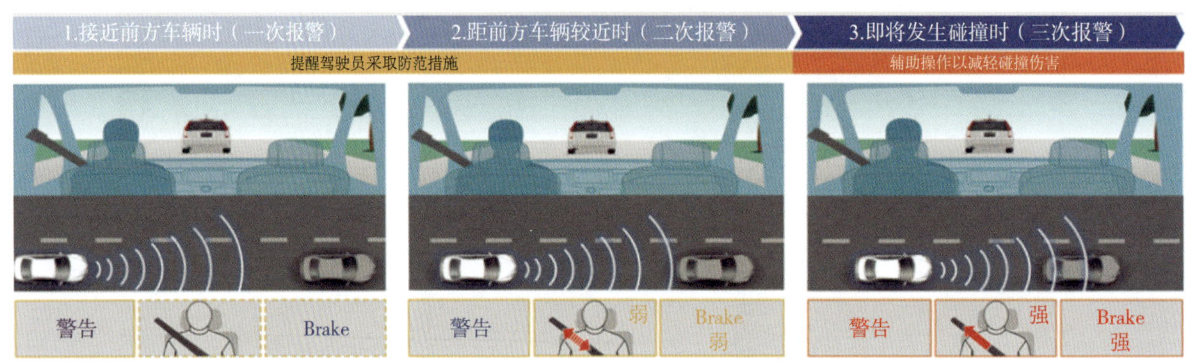

图 9–3 进化型碰撞缓解制动系统的工作过程

通过上例，功能扩展后的 AEB 系统会令驾驶员更加舒适，也保证了驾驶员对于车辆操控的心理安全感。在对 AEB 系统进行测试前，需首先认真阅读车辆技术手册，明确 AEB 系统的各项功能后才能进行相关工作。

（3）AEB 系统组成与工作原理

AEB 系统主要由控制模块、测距模块、制动模块等组成。

测距模块主要采用中远距离毫米波雷达、摄像头等环境感知传感器对前车、行人或障碍物进行距离探测。

控制模块对数据进行分析，将测出的距离与警报距离、安全距离进行比较，小于警报距离时就进行警报提示，而小于安全距离时即使在驾驶员没有来得及踩制动踏板的情况下，AEB 系统也会进行自动制动，这样可最大限度地降低与前方车辆发生碰撞的风险，并减轻此类碰撞的后果。

AEB 系统控制逻辑如图 9–4 所示。

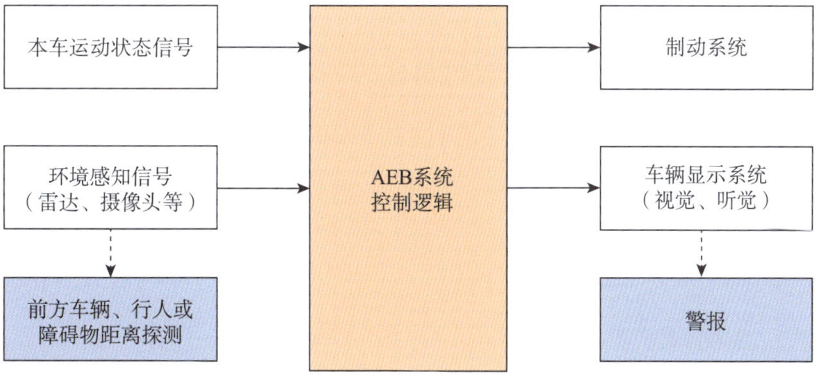

本车运动状态信号 → AEB系统控制逻辑 → 制动系统

环境感知信号（雷达、摄像头等）→ AEB系统控制逻辑 → 车辆显示系统（视觉、听觉）

环境感知信号（雷达、摄像头等）⇢ 前方车辆、行人或障碍物距离探测

车辆显示系统（视觉、听觉）⇢ 警报

图 9-4 AEB 系统控制逻辑

（4）AEB 系统的按键布置与信息显示

AEB 系统的功能设置与 ACC 系统相比较为简单，通常只有开启与关闭两种状态，根据目前市场主流车型的设计方案，多通过转向盘按键进行设置操作，其按键操作因不同品牌、不同车型有所不同，按照说明书进行操作即可，AEB 系统设置界面如图 9-5 所示。

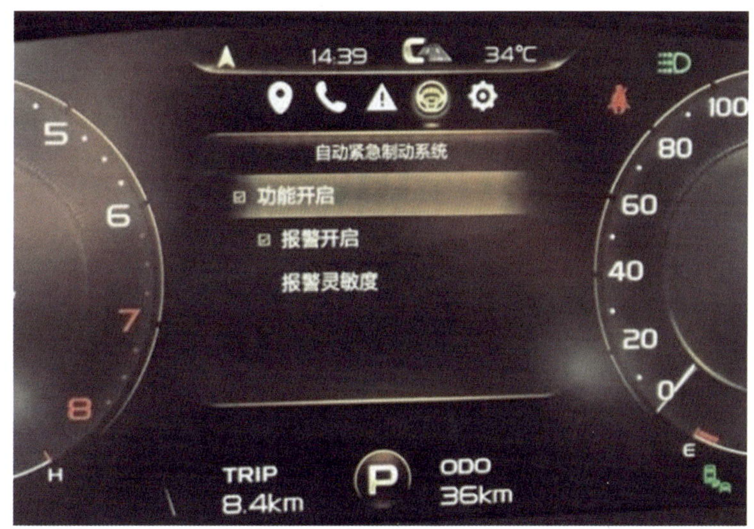

图 9-5 AEB 系统设置界面

（5）AEB 系统应用问题

AEB 系统在提高车辆安全性上具有显著作用，但是 AEB 系统在应用时也有一些问题需要注意。

一是 AEB 系统可能进行不必要的制动，AEB 系统正常工作是建立在系统对前方物体的正确探测和识别的基础上，当 AEB 系统错误识别物体并导致不必要的制动时，会造成驾乘人员恐慌并可能造成后车追尾等严重后果。二是 AEB 系统可能未进行必要制动，即当 AEB 系统未能及时进行制动时，反而容易造成事故发生。三是 AEB 系统的不当使用会造成驾驶员的懈怠与注意力分散，产生安全隐患。随着技术进步，AEB 系统功能作为自动驾驶系统重要的功能正在不断完善，但法律和驾驶心理问题始终是技术普及的难点。

AEB 系统综合测试是在模拟碰撞危险的情境下进行的，基于上述所列的 AEB 系统问题，测试人员在进行 AEB 系统综合测试时须严格按照规范操作，工作应严谨细致，避免发生人身伤害或财产损失的事故。

2. 技能操作

（1）操作准备

准备技能操作所需的物料，见表 9–1。

表 9–1　物料准备

类别	所需物料
教学整车／实训平台	智能网联实训汽车或智能驾驶教学平台
仪器、设备、工具	车辆技术手册、工作手套、停车楔

（2）AEB 系统检查

按照车辆技术手册，静态检查 AEB 系统各部件，将工作内容记录在表 9–2 中。

表 9–2　工作记录表

序号	部件名称	安装位置	部件是否安装牢固	线束是否插接正常
1			是□　否□	是□　否□
2			是□　否□	是□　否□
3			是□　否□	是□　否□
4			是□　否□	是□　否□
5			是□　否□	是□　否□
6			是□　否□	是□　否□
7			是□　否□	是□　否□
8			是□　否□	是□　否□
9			是□　否□	是□　否□
10			是□　否□	是□　否□
11			是□　否□	是□　否□
12			是□　否□	是□　否□
13			是□　否□	是□　否□
14			是□　否□	是□　否□
15			是□　否□	是□　否□

（3）AEB 系统工作过程确认

根据车辆技术手册，对 AEB 系统工作过程进行确认，并填入表 9-3 中。

表 9-3　工作记录表

序号	工作过程	系统动作	备注
1			
2			
3			

（二）综合测试

1. 知识学习

（1）测试项目概述

AEB 系统测试主要分为车对车、车对行人两类，具体为车辆追尾自动紧急制动系统（AEB CCR）测试与行人自动紧急制动系统（AEB VRU_Ped）测试。

本节测试方法中的参数与测试通过标准供参考使用，具体实施时需根据试验车辆的技术文件和实际测试条件确定。

（2）车辆追尾自动紧急制动系统（AEB CCR）测试方法

AEB CCR 系统包括以下两种测试场景。

场景一是前车静止测试场景（英文表示为 CCRs）。该测试场景下，前车静止，试验车辆（后车）以三个不同速度行驶，测试 AEB 系统的性能，如图 9-6 所示。

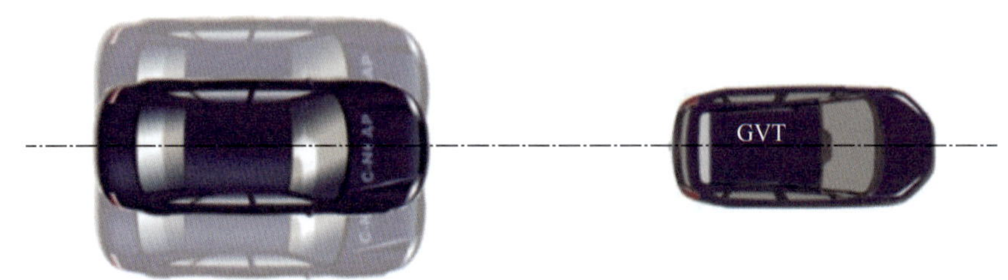

图 9-6　前车静止测试（CCRs）

场景二是前车慢性测试场景（英文表示为 CCRm）。该测试场景下，前车以相对缓慢的车速行驶，试验车辆（后车）以三个较高车速行驶，检测 AEB 系统的性能，如图 9-7 所示。

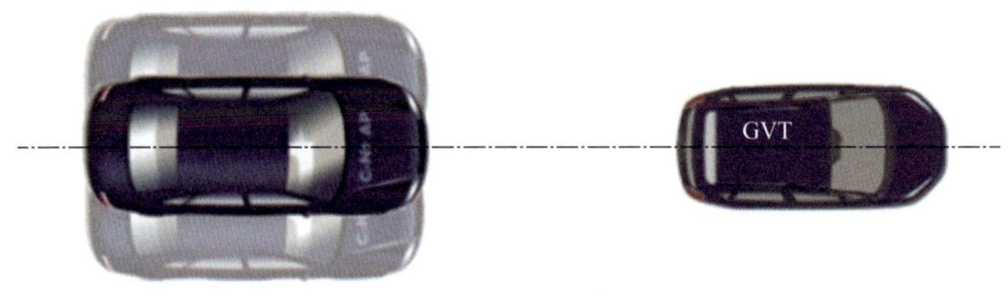

图 9-7　前车慢行测试（CCRm）

各场景测试参数总结见表 9-4。

表 9-4　试验各场景测试参数总结

类别	场景	待试验车辆测试车速 /（km/h）	前方车辆速度 /（km/h）
AEB 车对车	CCRs（前车静止）	20、30、40	0
	CCRm（前车慢行）	30、40、50	20

（3）行人自动紧急制动系统（AEB VRU_Ped）测试方法

1）测试场景编号

行人与车辆的碰撞存在多种情形，例如行人的类别（儿童或成人）、行人与车辆的方位等。为对不

同测试场景进行区别，需进行测试场景编号。编号的含义见表 9-5。

表 9-5　编号的含义

项目	符号	英文全名	含义
测试类别	CP	car-to-pedestrian	车辆与行人之间的 AEB 系统测试
车辆与人的相互位置	F	farside	行人位于车辆侧向一边较远位置
	N	nearside	行人位于车辆侧向一边较近位置
	L	longitudinal	行人与车辆相向运动（存在迎头碰撞风险）
行人类型	A	adult	成人行人
碰撞在车前的发生位置	50	—	碰撞发生在车辆前端结构（俗称车头）的中心点，即车辆的正前方
	25	—	碰撞发生在偏离车辆前端结构（俗称车头）中心一半距离的位置，即车辆的斜前方
	75	—	碰撞发生在偏离车辆前端结构（俗称车头）中心一半距离的位置，25 的对侧，即车辆的另一侧斜前方
环境	白天	—	白天环境下
	夜晚	—	夜晚环境下

举例说明：

CPFA-50 白天，如图 9-8 所示，意为白天情况下车辆碰撞远端成年行人的场景，在没有采取制动措施的情况下，车辆与远端横穿的成年行人发生碰撞，且碰撞位置发生在图中的“*L*”点。另外，CPFA-25 碰撞位置为图中的“*M*”点。

2）测试场景

AEB VRU_Ped 系统测试场景有 CPFA-25 白天和夜晚、CPFA-50 白天、CPNA-25 白天和 CPNA-75 白天、CPLA-50 白天和夜晚、CPLA-25 白天和夜晚，共九个场景。

① CPFA-50 与 CPFA-25 测试场景如图 9-8 所示。CPFA-50 是指在没有采取制动措施的情况下，车辆与远端横穿的成年行人发生碰撞，且碰撞位置发生在图 9-8 中的“*L*”点。CPFA-25 碰撞位置为图 9-8 中的“*M*”点。

② CPNA-25 与 CPNA-75 测试场景如图 9-9 所示。CPNA-25 是指在没有采取制动措施情况下，车辆与近端横穿的成年行人发生碰撞，且碰撞位置在图 9-9 中“*M*”点。CPNA-75 碰撞位置为图 9-9 中的“*K*”点。

③ CPLA-50 与 CPLA-25 测试场景如图 9-10 所示。CPLA-50 是指在没有采取制动措施情况下，车辆与前方同向的成年行人发生碰撞，且碰撞位置在图 9-10 中的“*L*”点。CPLA-25 碰撞位置在图 9-10 中的“*M*”点。

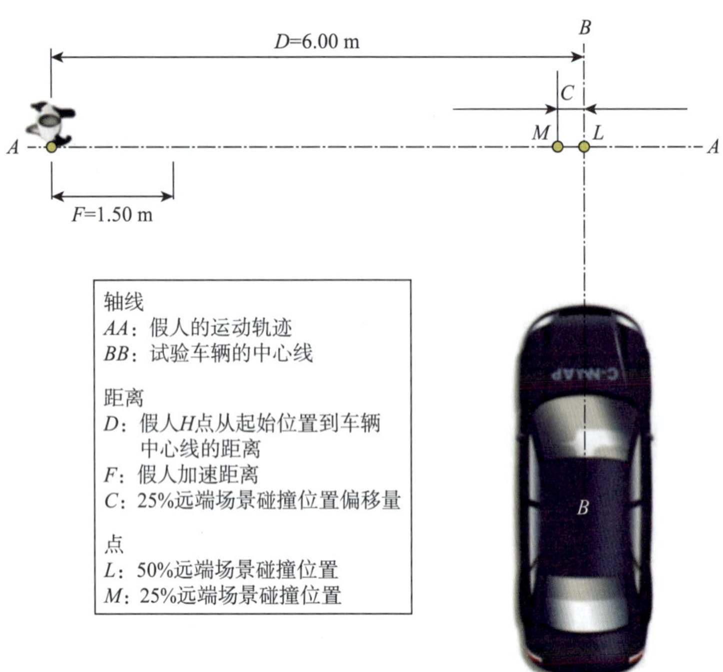

图 9-8　CPFA-50 与 CPFA-25 测试场景

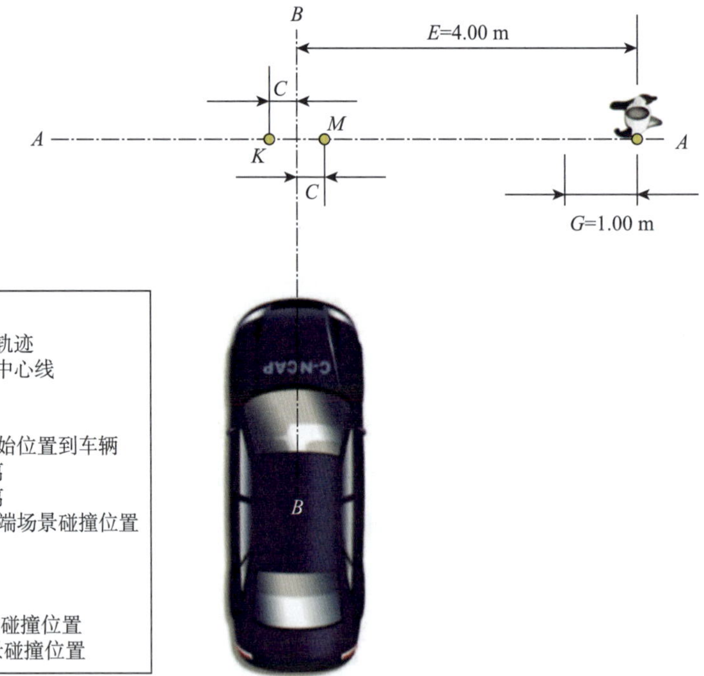

图 9-9　CPNA-25 与 CPNA-75 测试场景

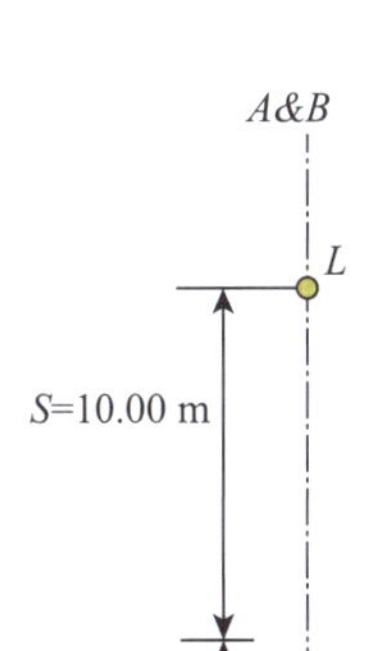

G=1.00 m

A

轴线
AA：假人轨迹中心线
BB：试验车辆中心线

距离
G：假人加速距离
S：假人匀速距离

点
L：50%纵向场景碰撞位置

图 9-10　CPLA-50 与 CPLA-25 测试场景

3）测试参数

AEB VRU_Ped 系统测试参数见表 9-6。

表 9-6　AEB VRU_Ped 系统测试参数

项目	场景	测试速度 /（km/h）	目标速度 /（km/h）	说明
AEB 车对行人	CPNA 白天	20、30、40、50、60	5	试验车辆直行、行人日间近端穿行
	CPFA 白天	20、30、40、50、60	6.5	试验车辆直行、行人白天远端穿行
	CPFA 夜晚	20、30、40、50、60	6.5	试验车辆直行、行人夜间远端穿行
	CPLA 白天	20、30、40、50、60、70、80	5	试验车辆直行、行人日间纵向
	CPLA 夜晚	20、30、40、50、60、70、80	5	试验车辆直行、行人夜间纵向

2. 技能操作

（1）操作准备

准备技能操作所需的物料，见表 9-7。

表 9-7 物料准备

类别	所需物料
教学整车 / 实训平台	智能网联实训汽车或智能驾驶教学平台
仪器、设备、工具	车辆技术手册、卷尺、假人、秒表

（2）车辆追尾自动紧急制动系统测试

根据车辆技术手册，将车辆追尾自动紧急制动系统测试过程与结果填入表 9-8 中。

表 9-8 工作记录表

序号	项目	内容	备注
1	测试项目		
2	测试通过标准		
3	测试步骤		
4	测试结果		
5	测试评价与简要说明	是否达到测试通过标准 是□ 否□	

（3）行人自动紧急制动系统测试

根据车辆技术手册，将行人自动紧急制动系统测试过程与结果填入表 9-9 中。

表 9-9　工作记录表

序号	项目	内容	备注
1	测试项目		
2	测试通过标准		
3	测试步骤		
4	测试结果		
5	测试评价与简要说明	是否达到测试通过标准　是□　否□	

检查评估

对本任务的学习情况进行检查，并将相关内容填写在表 9-10 中。

表 9-10 检查表

检查项目	检查结果	结果点评
测试准备		
是否准确找到 AEB 系统按键	是□ 否□	
是否熟练进入 AEB 系统设置界面	是□ 否□	
是否能正确描述 AEB 系统各项功能	是□ 否□	
是否全面检查所有 AEB 系统部件	是□ 否□	
综合测试		
是否正确布置测试场景	是□ 否□	
是否完成全部测试任务	是□ 否□	
是否完成测试结果记录与评价	是□ 否□	
整理恢复及其他		
是否将工具、设备整理恢复	是□ 否□	
是否在工作中发挥团队合作精神	是□ 否□	
是否将工作页填写完整	是□ 否□	
是否将实训工位打扫干净	是□ 否□	

任务小结

本任务小结如图 9-11 所示。

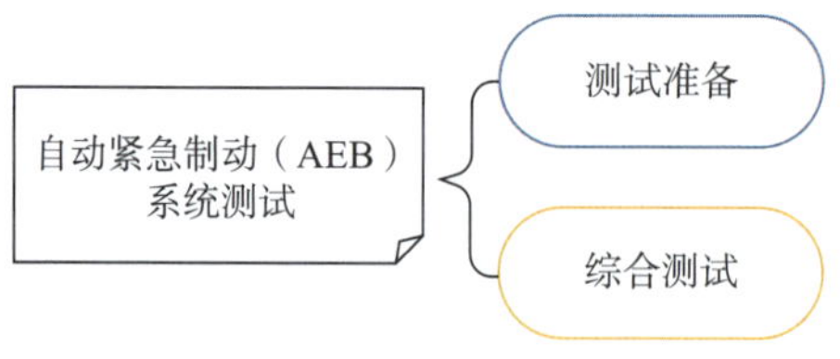

图 9-11 本任务小结

任务十
盲区监测（BSD）系统测试

任务导入

场景：某国产自主品牌汽车整车试验部

人物：主任试验工程师李工、实习试验技师小刚

情节：今天李工和小刚的测试任务是BSD系统综合测试。小刚不明白汽车的盲区是什么，便向李工请教。李工说："今天我们就来看看，智能网联汽车技术是怎么'眼观四路'的好不好？"小刚准备把前面工作中学习到的测试知识和技能好好施展。你是不是也和小刚一样跃跃欲试呢？

任务目标

- 能根据BSD系统结构组成，规范完成BSD系统部件检查以及相关测试准备工作。
- 能根据车辆技术手册，与他人配合，完成车辆驾驶员视野盲区的绘制工作。
- 能根据BSD系统测试目标与测试方法，规范完成BSD系统综合测试。

任务实施

（一）测试准备

1. 知识学习

（1）驾驶员视野盲区

驾驶员视野盲区是指车辆四周，驾驶员无法通过前风窗玻璃直接看到，也无法通过车内后视镜与两侧车外后视镜看到的区域。汽车的安全行驶依赖于驾驶员对于周围环境的密切观察，只有驾驶员能够及时发现其他交通参与者或障碍物，才可以做出驾驶反应以规避交通事故。但是，受限于车辆外观尺寸、车内外后视镜尺寸等因素，传统汽车设计上都难以避免驾驶员视野盲区的存在。当车辆在起步、转向、变道行驶时，如果驾驶员盲区存在其他车辆或行人且没被驾驶员发现，就极有可能引发交通事故。有经验的驾驶员总是会采用从车窗探头观察的方式确认盲区是否有车辆，这样无疑会使驾驶员产生疲劳，且行为本身也不安全。

乘用车主要有四个驾驶员视野盲区，如图 10–1 所示，分别是位于车辆中心线两侧，车辆侧后方靠前和靠后的四个放射状区域。卡车由于车辆外部尺寸更大，驾驶员视野相对乘用车更高，且有较高的货箱或货柜，因此卡车驾驶员视野盲区主要是车辆正前方靠下的区域，左右侧后方一定放射状区域和车辆正后方一段区域，如图 10–2 所示。

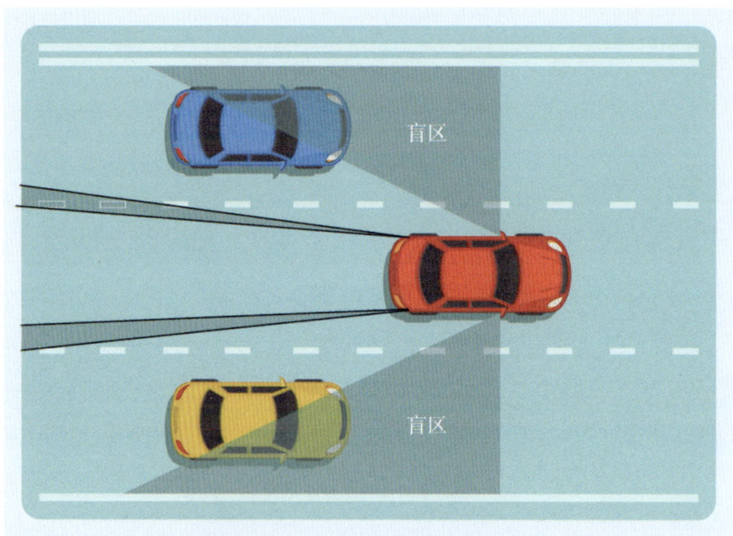

图 10–1 乘用车驾驶员视野盲区

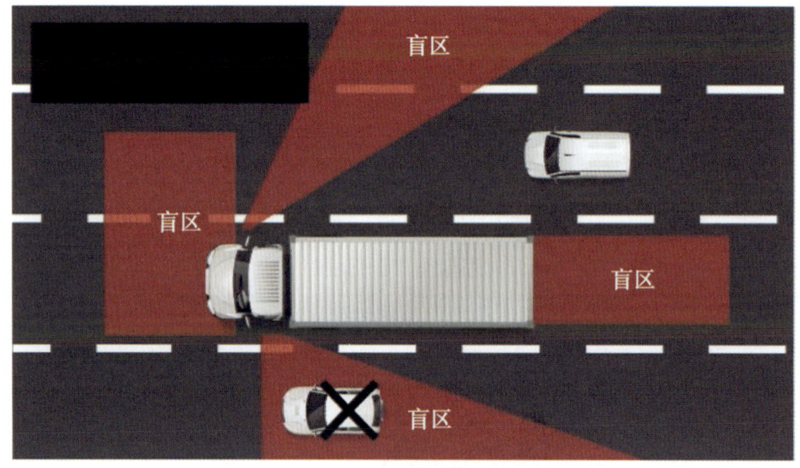

图 10–2 卡车驾驶员视野盲区

（2）BSD 系统定义与功能

盲区监测（BSD，blind spot detection）系统是通过车辆环境感知传感器实时监测驾驶员视野盲区，并在其盲区内出现其他交通参与者或障碍物时发出提示或警告信息提醒驾驶员的一种 ADAS，如图 10–3 所示。除了探测车辆视野盲区，BSD 系统在恶劣天气（雨雪、大雾、冰雹等）和夜间光线昏暗导致驾驶员的观察受影响时，如图 10–4 所示，还能有效帮助驾驶员及时发现本车周围的车辆和行人，避免碰撞或刮擦事故的发生。

图 10–3　盲区监测系统

图 10–4　雨天驾驶员视线受阻

（3）BSD 系统结构组成与工作过程

BSD 系统主要由环境感知组件、控制器与危险报警组件、人机交互界面组件等组成。

1）环境感知组件用于实时探测驾驶员视野盲区，所使用的传感器主要是毫米波雷达和车用摄像头（视觉传感器），根据车型不同，环境感知部件的技术方案存在差异，部分车型仅使用上述两个传感器中的一个作为环境感知部件。在具有自动驾驶功能的物流小车上，BSD 系统的环境感知部件用于补盲（补充主要雷达和摄像头无法探测的区域）和防撞，通常使用体积较小的补盲激光雷达和超声波雷达。

①毫米波雷达。BSD 系统一般使用 24 GHz 窄带毫米波短程雷达，最远探测距离为 50~70 m。随着汽车安全性能的提升，车企也在不断升级 BSD 系统的性能，以使其能探测更广和更远的区域，因此目前 77 GHz 远程毫米波雷达也逐渐配装于 BSD 系统。毫米波雷达一般安装于车辆后保险杠两侧，两个毫米波雷达分别朝向侧后方。

②车用摄像头。BSD 系统一般使用单目广角摄像头，安装于车辆两侧翼子板外侧，朝向车辆侧后方。

③补盲激光雷达与超声波雷达。补盲激光雷达一般安装在车辆左前方、右前方。超声波雷达的数量通常为 6~8 个，均匀分布在车身靠下位置的四周。

上述各个 BSD 系统环境感知传感器如图 10–5 所示。

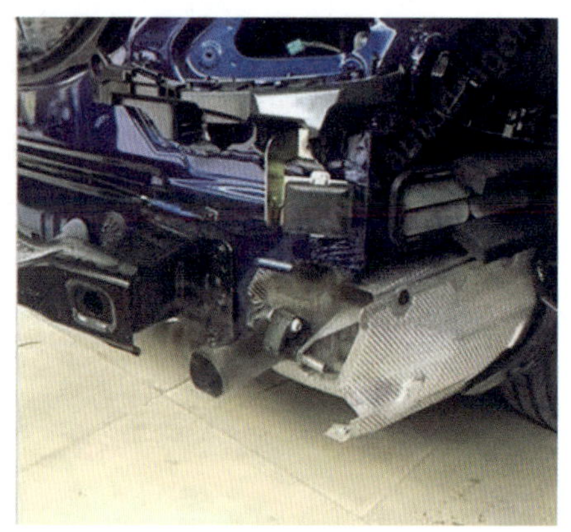

a）

b）

c）

d）

图 10–5　BSD 系统环境感知传感器

a）毫米波雷达　b）车用摄像头　c）补盲激光雷达　d）超声波雷达

2）BSD 系统的控制器安装在仪表板下方或者与车辆 ADAS 控制器进行集成，用于根据传感器探测数据、本车车速等信息计算与障碍物的距离，并控制危险报警组件。

3）危险报警组件由可闪烁的警示灯和蜂鸣报警器组成。警示灯一般安装在车外后视镜上或者靠近车外后视镜的车内 A 柱靠下位置，便于在驾驶员使用车外后视镜时可以看到警示灯，如图 10-6 所示。

a）

b）

图 10-6　BSD 系统警示灯

a）警示灯安装于车内　b）警示灯集成于车外后视镜

4）人机交互界面组件。BSD 系统的功能设置通常只有开启和关闭两种状态，按键布置与显示根据不同的车型也有所不同，有些车型会设有一个独立按键，可进行一键开关设置，也有些车型采用 ADAS 功能集成设置，通过滚轮等在 ADAS 菜单中选择 BSD 系统。BSD 系统通常采用的按键图标如图 10-7 所示。

图 10-7　BSD 系统通常采用的按键图标

（4）BSD 系统工作过程

在功能开启的状态下，达到一定车速后 BSD 系统自动激活。不同车型该设定值存在差异，一般为车速 30 km/h。

如图 10-8 所示，以配装有超声波雷达的 BSD 系统为例，车辆驾驶员准备变道时，车辆侧后方的两个毫米波雷达不断探测目标，发现有其他车辆从侧后方快速靠近；系统控制单元经过计算后得到碰撞时间阈值达到系统设定值；系统通过后视镜上闪烁的警示灯和蜂鸣报警器提醒驾驶员注意后方来车，避免因变道而引发碰撞事故。

图 10-8　BSD 系统工作过程

（5）BSD 系统应用条件和注意事项

1）左、右后视镜报警指示灯未亮，驾驶员可向左或向右变道。

2）左后视镜报警指示灯未亮、右后视镜报警指示灯常亮，驾驶员可向左变道，若向右变道则右后视镜报警指示灯从常亮变为闪烁状态进行视觉提示且车内同时进行声音报警提示。

3）左后视镜报警指示灯常亮、右后视镜报警指示灯未亮，驾驶员可向右变道，若向左变道则左后视镜报警指示灯从常亮变为闪烁状态进行视觉提示且车内同时进行声音报警提示。

4）左、右后视镜报警指示灯均常亮，驾驶员不可变道，若向左、右任一车道变道，则相应侧的后视镜报警指示灯从常亮变为闪烁状态进行视觉提示且车内同时进行声音报警提示。

在使用 BSD 系统过程中需注意，它只是起到了变道辅助的作用，驾驶员在变道时仍需注意相邻车道侧方及后方车辆情况，避免发生交通事故；若 BSD 系统发生故障，会自动关闭并对驾驶员进行提示，此时，驾驶员在变道时不应再依赖 BSD 系统。

2. 技能操作

（1）操作准备

准备技能操作所需的物料，见表 10-1。

表 10-1　物料准备

类别	所需物料
教学整车 / 实训平台	智能网联实训汽车或智能驾驶教学平台
仪器、设备、工具	车辆技术手册、工作手套、工具套装、纸、笔

（2）驾驶员视野盲区绘制

分组配合，一人坐入驾驶位置观察四周，其他组员手持带有标记的纸张作为驾驶员观察目标物绕车运动，通过不断改变目标物位置，驾驶员以口头报告目标物是否在视野内的方式探查待试验车辆的驾驶员视野盲区，将结果绘制在表 10–2 中。

表 10–2　工作记录表

序号	视图	驾驶员视野盲区
1	车辆俯视图	
2	车辆主视图 （看向车门的视角）	
3	盲区数量	

（3）BSD 系统部件检查

按照车辆技术手册，静态检查 BSD 系统各部件，将工作内容记录在表 10–3 中。

表 10-3 工作记录表

序号	组件	部件名称	安装位置	部件是否安装牢固	线束是否插接正常
1	环境感知组件			是□ 否□	是□ 否□
2				是□ 否□	是□ 否□
3				是□ 否□	是□ 否□
4				是□ 否□	是□ 否□
5				是□ 否□	是□ 否□
6				是□ 否□	是□ 否□
7	控制器			是□ 否□	是□ 否□
8	危险报警组件			是□ 否□	是□ 否□
9				是□ 否□	是□ 否□
10				是□ 否□	是□ 否□
11				是□ 否□	是□ 否□
12				是□ 否□	是□ 否□
13				是□ 否□	是□ 否□
14	人机交互界面组件			是□ 否□	是□ 否□
15				是□ 否□	是□ 否□
16				是□ 否□	是□ 否□
17				是□ 否□	是□ 否□
18				是□ 否□	是□ 否□

（二）综合测试

1. 知识学习

（1）测试项目概述

测试BSD系统可依据国家推荐标准《道路车辆盲区监测（BSD）系统性能要求及试验方法》（GB/T 39265—2020）。本节测试方法中的参数与测试通过标准供参考使用，具体实施时需根据试验车辆技术文件和实际测试条件确定。

（2）盲区范围定义

车辆盲区监测范围如图10–9所示，图中*FCGB*围成的区域为直线工况下的车辆左侧盲区监视范围；*KCLB*围成的区域为直线工况下的车辆右侧盲区监视范围。右侧、左侧和后部等描述参考了试验车辆的行驶方向。给出的所有尺寸均相对试验车辆而言。

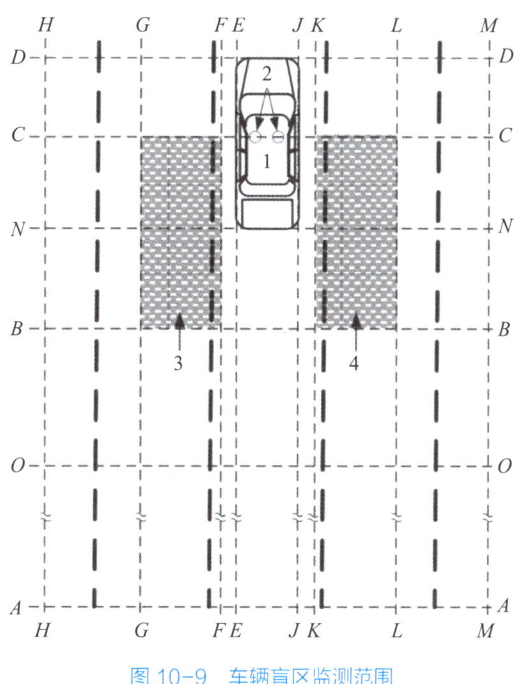

图 10-9　车辆盲区监测范围

线 A 平行于试验车辆后缘，并位于试验车辆后缘后部 30 m 处。

线 B 平行于试验车辆后缘，并位于试验车辆后缘后部 3 m 处。

线 C 平行于试验车辆前缘，并位于第九十五百分位眼椭圆的中心，即驾驶员眼部位置。

线 D 为试验车辆前缘的双向延长线。

线 E 平行于试验车辆的中心线，并位于试验车辆车身（不包括外后视镜）左侧的最外缘。

线 F 平行于试验车辆的中心线，并位于试验车辆车身左侧最外缘的左边，与左侧最外缘相距 0.5 m。

线 G 平行于试验车辆的中心线，并位于试验车辆车身左侧最外缘的左边，与左侧最外缘相距 3 m。

线 H 平行于试验车辆的中心线，并位于试验车辆车身左侧最外缘的左边，与左侧最外缘相距 6 m。

线 J 平行于试验车辆的中心线，并位于试验车辆车身（不包括外后视镜）右侧的最外缘。

线 K 平行于试验车辆的中心线，并位于试验车辆车身右侧最外缘的右边，与右侧最外缘相距 0.5 m。

线 L 平行于试验车辆的中心线，并位于试验车辆车身右侧最外缘的右边，与右侧最外缘相距 3 m。

线 M 平行于试验车辆的中心线，并位于试验车辆车身右侧最外缘的右边，与右侧最外缘相距 6.0 m。

线 N 为试验车辆后缘的双向延长线。

线 O 平行于试验车辆后缘，并位于试验车辆后缘后部 10 m 处。

1——试验车辆。

2——驾驶员与副驾驶员眼睛的位置。

3——*FCGB* 围成的区域为直线工况下的车辆左侧盲区监测范围。

4——*KCLB* 围成的区域为直线工况下的车辆右侧盲区监测范围。

以上尺寸数值供参考使用，在测试低速自动驾驶车辆时，可以参照图 10–9 的位置关系与比例绘制盲区监测范围，并适度减小盲区监测范围（因为最高车速低于一般乘用车），以获取合理的盲区监测范围。盲区监测范围还可以从车企相关技术资料中获得。

（3）测试方法

BSD 系统测试中关于道路上车与车之间的功能测试主要由直线道路目标车辆超越试验车辆和直线道路并道两个测试场景组成。

1）直线道路目标车辆超越试验车辆测试场景

如图 10–10 所示，试验车辆以 50 km/h 的速度匀速直线行驶，目标车辆在相邻车道匀速直线行驶，行驶过程中保持试验车辆车身最外缘（近目标车侧，不包括外后视镜）与目标车辆车身最外缘（近试验车侧，不包括外后视镜）之间的横向距离为 1.5 m。目标车辆分别以 60 km/h、65 km/h、70 km/h 的速度匀速行驶并超越试验车辆。当试验车辆最后缘与目标车辆最前缘的纵向距离为 33 m 时试验开始，当目标车辆的最前缘超越图 10–9 中试验车辆 C 线 3 m 时，试验结束。测试完成后应由试验车辆在另一侧重复进行该试验。

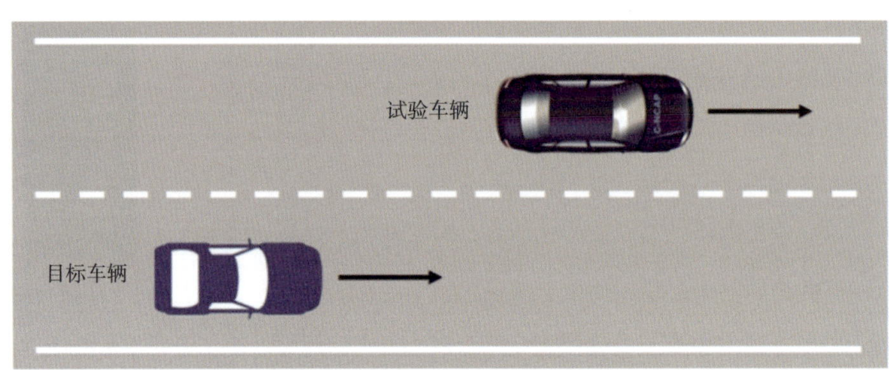

图 10–10　目标车辆超越试验车辆测试

测试结果满足如下条件则 BSD 系统为合格。

①当目标车辆完全位于图 10–9 中所示 *A* 线之后时，BSD 系统不应发出报警。

②当目标车辆的任何部分位于试验车辆的盲区时，系统应发出报警，报警发出的时间不得晚于目标车辆最前缘进入车辆盲区监测范围（图 10–9 中 *B* 线）后 300 ms。

2）直线道路并道测试场景

如图 10–11 所示，试验车辆和目标车辆均以 50 km/h 的速度匀速直线行驶，行驶过程中保持试验车辆车身最外缘（近目标车侧，不包括外后视镜）与目标车辆车身最外缘（近测试车侧，不包括外后视镜）之间的横向距离为 6.5 m。当目标车辆越过车辆盲区监测范围（图 10–9 中的 *B* 线），且完全在图 10–9 中的 *C* 线之后时，以（0.5 ± 0.25）m/s 的侧向速度从试验车辆侧后方进行变道，直至两车的横向距离为 1.5 m。变道完成后，确保目标车辆仍然越过 *B* 线并且完全在 *C* 线之后，目标车辆至少保持直线行驶 300 ms，然后变道返回最初车道，试验结束。测试完成后应由试验车辆在另一侧重复进行该试验。

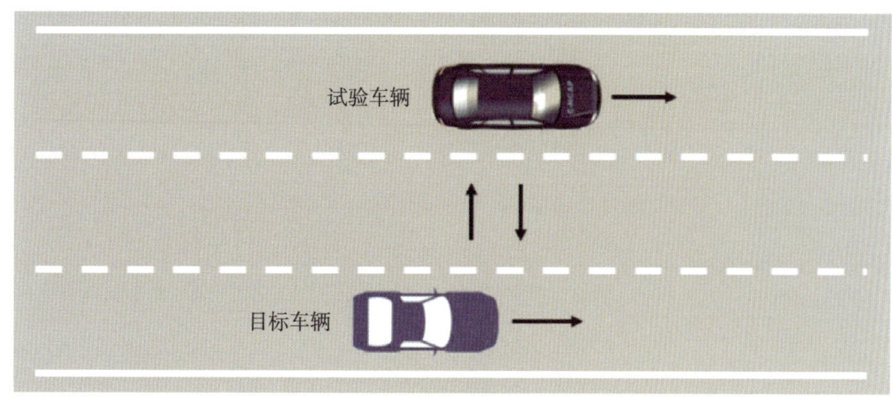

图 10-11 目标车辆并道测试

测试结果满足如下条件则 BSD 系统为合格。

①当目标车辆完全位于图 10-9 中 *H* 线或 *M* 线外时，BSD 系统不应发出报警；

②当目标车辆的任何部分位于试验车辆的盲区时，系统应发出报警，报警发出的时间不得晚于目标车辆外缘进入车辆盲区监测范围（图 10-9 中 *L*/*G* 线）后 300 ms。

2. 技能操作

（1）操作准备

准备技能操作所需的物料，见表 10-4。

表 10-4 物料准备

类别	所需物料
教学整车 / 实训平台	智能网联实训汽车或智能驾驶教学平台
仪器、设备、工具	车辆技术手册

（2）BSD 系统超车场景综合测试

根据车辆技术手册，将 BSD 系统超车综合测试过程与结果填入表 10-5 中。

表 10-5 工作记录表

序号	项目	内容	备注
1	测试项目		
2	测试通过标准		

续表

序号	项目	内容	备注
3	测试步骤		
4	测试结果		
5	测试评价与简要说明	是否达到测试通过标准 是□ 否□	

（3）BSD 系统并道场景综合测试

根据车辆技术手册，将 BSD 系统并道综合测试过程与结果填入表 10–6 中。

表 10–6　工作记录表

序号	项目	内容	备注
1	测试项目		
2	测试通过标准		

续表

序号	项目	内容	备注
3	测试步骤		
4	测试结果		
5	测试评价与简要说明	是否达到测试通过标准　是□　否□	

检查评估

对本任务的学习情况进行检查，并将相关内容填写在表 10-7 中。

表 10-7　检查表

检查项目	检查结果	结果点评
测试准备		
是否能正确描述 BSD 系统功能与使用注意事项	是□　否□	
是否全面检查所有 BSD 系统部件	是□　否□	
是否完成驾驶员盲区绘制	是□　否□	

续表

检查项目	检查结果	结果点评
综合测试		
是否正确完成 BSD 系统操作	是□ 否□	
是否完成全部测试任务	是□ 否□	
是否完成测试结果记录与评价	是□ 否□	
整理恢复及其他		
是否将工具、设备整理恢复	是□ 否□	
是否在工作中发挥团队合作精神	是□ 否□	
是否将工作页填写完整	是□ 否□	
是否将实训工位打扫干净	是□ 否□	

任务小结

本任务小结如图 10–12 所示。

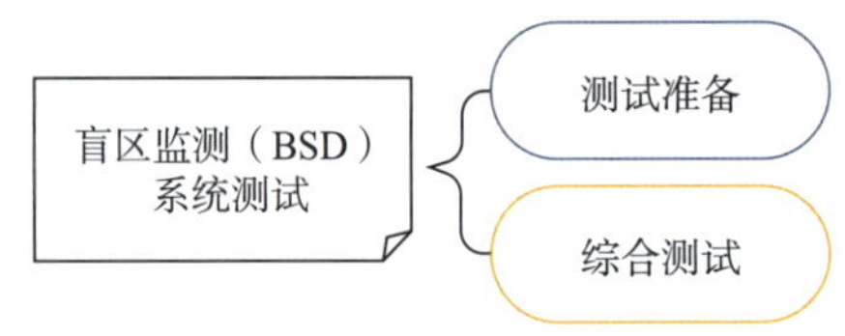

图 10–12　本任务小结

任务十一 智能泊车辅助（IPA）系统测试

任务导入

场景：某国产自主品牌汽车整车试验部

人物：主任试验工程师王工、实习试验技师小刚

情节：今天李工和小刚的任务是对试验样车的智能泊车辅助系统进行测试。尽管小刚在学校时已经拿到了机动车驾驶证，但是小刚的泊车技术还不太熟练，而今天小刚听说面前的这台试验样车泊车技术很“高超”，你是不是也和小刚一样，很想知道智能泊车辅助系统的功能呢，请和小刚一起来开始今天的学习吧。

任务目标

- 能根据 IPA 系统结构组成，规范完成 IPA 系统部件检查以及相关测试准备工作。
- 能根据 IPA 系统测试目标与测试方法，规范完成系统综合测试。

任务实施

（一）测试准备

1. 知识学习

（1）IPA 系统定义与功能

智能泊车辅助（IPA，intelligent parking assist）系统是在车辆泊车时，自动检测泊车空间并为驾驶员提供泊车指示和方向控制等辅助功能的一种 ADAS，如图 11-1 所示。在汽车数量飞速增长的城市环境，IPA 系统能有效降低泊车难度和碰撞事故的发生，尤其是给新手司机带来了极大的便利，解决了停车位

狭窄或阻碍多而导致的停车难、停车慢等问题。

图 11-1　IPA 系统工作过程

（2）IPA 系统结构组成与工作原理

1）控制逻辑

IPA 系统控制逻辑如图 11-2 所示，IPA 系统通过传感器感知车辆周边环境，寻找停车位或地面车位标记（如车位线等），并根据当前车辆的运动状态和驾驶员的选择（自动或手动设置目标停车位），进行自动泊车轨迹计算，通过精确的车辆定位与车辆横向及纵向控制系统，使车辆沿定义的泊车轨迹进行全自动泊车，直至到达最终目标停车位。

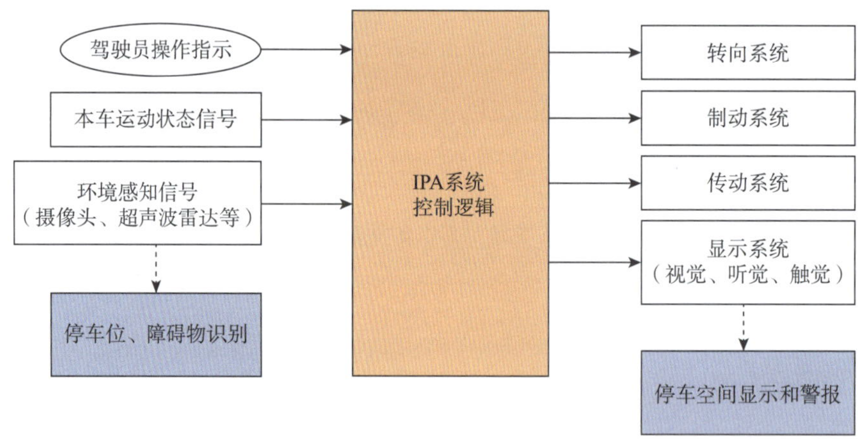

图 11-2　IPA 系统控制逻辑

2）IPA 系统传感器布局

与其他 ADAS 相比，实现 IPA 系统所需的传感器数量较多。IPA 系统使用的传感器配置主要有全超声波雷达、视觉传感器与超声波雷达融合两种技术方案，其中视觉传感器与超声波雷达融合方案因提升

了车位识别能力，已成为目前的主流应用。

① 全超声波雷达方案

该方案采用车身的前后各安装 4 个探测距离在 15~250 cm 之间的短距离超声波雷达（UPA，ultrasonic parking assistant），车身左右两侧各安装 2 个探测距离在 30~500 cm 之间的长距离超声波雷达（APA，automatic parking assistant），构成前部 4 个 UPA、侧面 4 个 APA、后方 4 个 UPA 的布置格局，如图 11–3 所示。

②视觉传感器与超声波雷达融合方案

该方案在全超声波雷达方案的基础上再增加 4 个高清鱼眼全景摄像头形成环视效果，分别布置在车辆前格栅、行李舱门（通常与倒车影像摄像头的安装位置一致）及车外左右后视镜四处，如图 11–4 所示。该方案借助视觉传感器，使 IPA 系统对周围环境的感知能力有了大幅提升，具体体现在探测范围和探测对象多样性方面，例如可以通过颜色和线形对停车位标识线进行有效识别。全景摄像头系统工作过程如图 11–5 所示，摄像头分别拍摄车身周围各区域的地面图像，然后通过算法进行拼接，实现 360° 无死角观测。

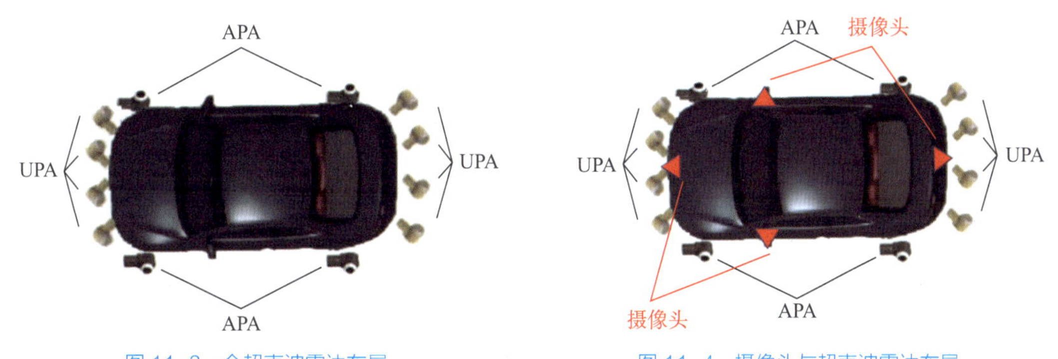

图 11–3　全超声波雷达布局　　图 11–4　摄像头与超声波雷达布局

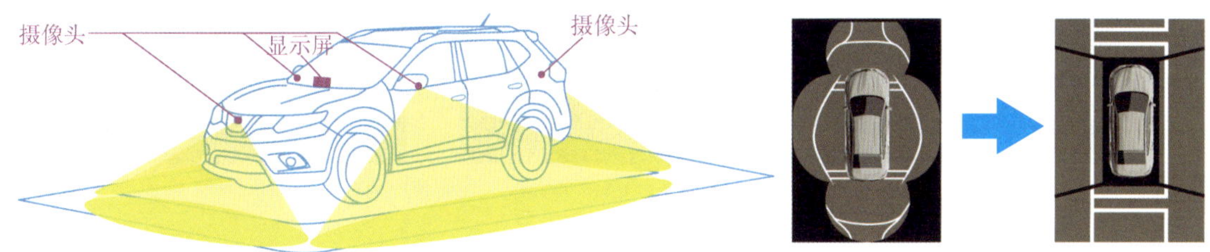

图 11–5　全景摄像头工作过程

3）泊车运动轨迹计算

IPA 系统泊车运动轨迹计算是 IPA 系统的核心技术之一，典型 IPA 系统运动轨迹计算过程如图 11–6 所示。IPA 系统运动轨迹计算以自身车辆最小转向半径所形成的扇形区域（图中区域①）、周围车辆或障碍物所形成的扇形区域（图中区域②）为限制条件，即车辆不得驶入这两个区域，在此基础上，IPA 系统计算出运动轨迹（图中轨迹③），车辆根据该轨迹执行运动控制指令。

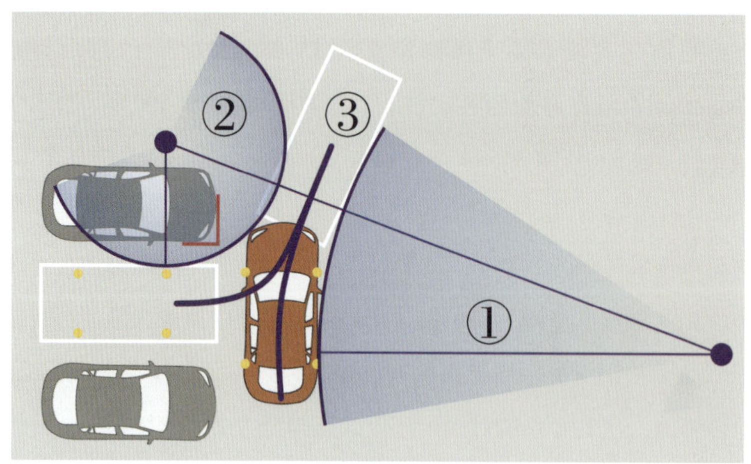

图 11-6　典型 IPA 系统运动轨迹计算过程

（3）IPA 系统应用场景

IPA 系统应用场景主要有平行泊车（泊入和泊出）、垂直泊车（泊入和泊出）和斜向泊车（泊入和泊出）等三种，如图 11-7 所示。

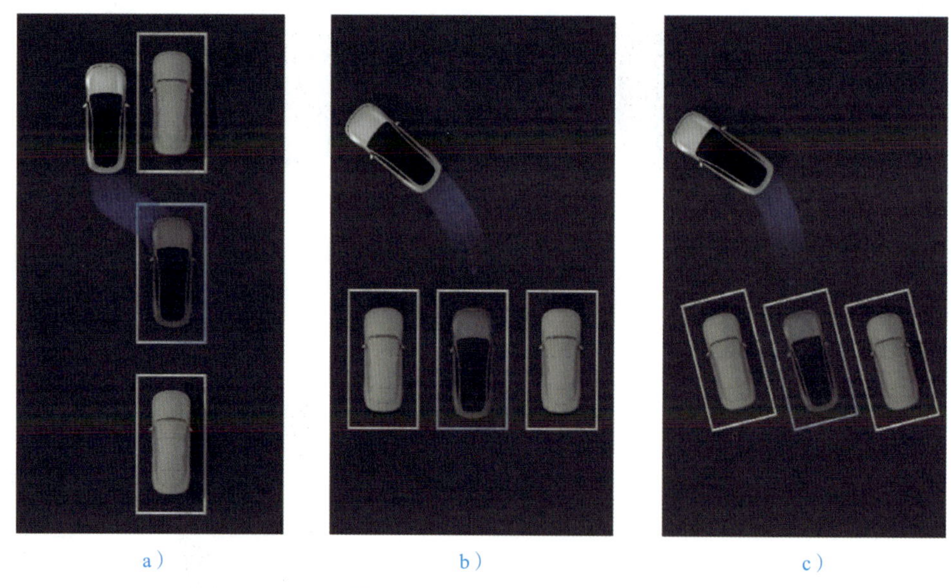

a）　　b）　　c）

图 11-7　IPA 系统泊车场景

a）平行泊车　b）垂直泊车　c）斜向泊车

与 LKA 系统相似的是，IPA 系统的激活也有速度要求，但与 LKA 系统高速状态下才能激活的条件相反，IPA 系统只有在功能开启且车辆在低速行驶的条件下才能激活，通常车速要求低于 30 km/h，各品牌车型对于 IPA 系统的操作方式及启用条件的设计存在不同，在进行综合测试时，需严格参照车辆技术资料。

IPA 系统操作过程一般由三部分组成，分别是查找泊车位提示、泊入提示和泊出提示。操作过程

中，典型的人机交互界面分别如图 11–8 至图 11–10 所示。

图 11–8　IPA 系统查找泊车位提示

图 11–9　IPA 系统泊入提示

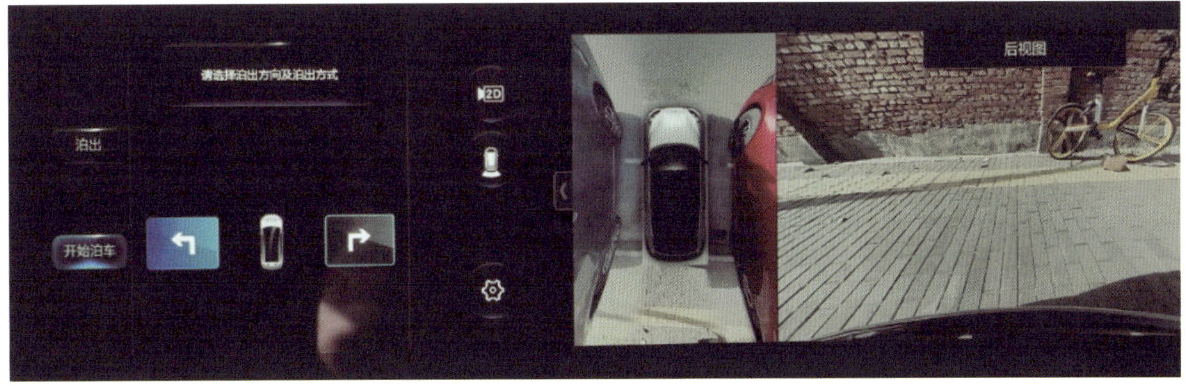

图 11–10　IPA 系统泊出提示

在使用 IPA 系统进行泊车时，应注意如下事项。

1）自动泊车系统只是起到了辅助泊车的作用，不能完全代替驾驶员，在泊车过程中仍需驾驶员观察确认周边环境，防止发生碰撞事故。

2）不是所有空隙或停车位都可实现自动泊车，若停车位坡度过大或过于狭窄，IPA 系统将无法正常操作。

3）自动泊车并不是完全自动而无需驾驶员进行任何操作，还需要驾驶员根据提示控制刹车或挂入相应挡位。

4）当驾驶员人为干预时（如踩下制动踏板、踩下加速踏板、电子驻车制动被拉起、车门被打开等），则 IPA 系统会立即停止泊车行为或自动退出，若需要恢复泊车进程，需按照系统提示进行操作。

5）与其他 ADAS 一样，当 IPA 系统出现故障时（如摄像头被遮挡等），IPA 系统也会自动退出，并对驾驶员进行图文和声音的提示。

6）IPA 系统的按键布置与显示

与 LKA 系统类似，IPA 系统的按键布置根据不同的车型也有所不同，有些车型上会设有一个独立按键，进行一键开关设置，按键上的图标目前没有统一标准，可参考图 11-11 所示。也有些车型采用 ADAS 功能集成设置的，可直接在中控显示屏进行触屏操作，设置方法根据中控显示屏的提示进行操作；还有些车型考虑到客户操作的便利性，同时设有独立按键与触屏操作。

图 11-11　IPA 系统按键图标

2. 技能操作

（1）操作准备

准备技能操作所需的物料，见表 11-1 物料准备。

表 11-1　物料准备

类别	所需物料
教学整车 / 实训平台	智能网联实训汽车或智能驾驶教学平台
仪器、设备、工具	车辆技术手册、工作手套、停车楔

（2）IPA 系统检查

按照车辆技术手册，静态检查 IPA 系统各部件，将工作内容记录在表 11-2 中。

表 11-2　工作记录表

序号	部件名称	安装位置	部件是否安装牢固	线束是否插接正常
1			是□　否□	是□　否□

续表

序号	部件名称	安装位置	部件是否安装牢固	线束是否插接正常
2			是□　否□	是□　否□
3			是□　否□	是□　否□
4			是□　否□	是□　否□
5			是□　否□	是□　否□
6			是□　否□	是□　否□
7			是□　否□	是□　否□
8			是□　否□	是□　否□
9			是□　否□	是□　否□
10			是□　否□	是□　否□
11			是□　否□	是□　否□
12			是□　否□	是□　否□
13			是□　否□	是□　否□
14			是□　否□	是□　否□
15			是□　否□	是□　否□

（二）综合测试

1. 知识学习

（1）测试项目概述

IPA 系统综合测试主要有双边界车辆平行车位泊车测试、白色标线平行车位泊车测试、双边界车辆垂直车位泊车测试、白色标线垂直车位泊车测试四个场景。IPA 系统测试方法可参考国家标准《智能泊车辅助系统性能要求及试验方法》（GB/T 41630—2022）、中国汽车工程研究院股份有限公司发布的《智能泊车指数泊车辅助系统试验规程》与《智能泊车指数泊车辅助系统评价规程》进行测试评价。本节测试方法中的参数与测试通过标准供参考使用，具体实施时需根据试验车辆技术文件和实际测试条件确定。

（2）测试条件

测试应在均匀的自然光照条件下进行，测试场地应为平整、干燥的沥青路面或水泥路面，无可见的潮湿处，无明显的凹坑、裂缝，无明显阴影等。测试过程中，墙壁、辅助测试设备及其他非测试物体（杂物）应从测试区域拆除，以排除其反射（声波反射和电磁反射）引起的干涉，车位标线应清晰可见，无破损。

（3）系统预热

测试前需进行制动系统预热，预热流程为将车辆加速至 10 km/h，全力制动至车辆静止，共进行 3 次，完成最后一次制动后，以 10 km/h 的车速行驶 3 min 对制动器进行冷却，制动系统最后一次预热和正式测试相隔至少 3 min。

（4）系统泊车能力评价指标

优秀的泊车系统应该是尽快发现车位、快速泊车、精准泊车（停到位、停得正）、过程安全无误、操作轻松地将车辆停在固定位置。泊车能力评价技术指标即是对以上描述的量化，具体体现如下。

1）车辆搜索车位的能力，体现为车速。

2）泊车操控性，体现为泊车过程车速、车辆与所检测到的物体之间的间距或夹角。

3）车辆运动规划与执行能力，体现为轨迹是否平滑，是否存在转向盘过渡反复转动的问题，可通俗理解为倒车时“揉”的动作次数最小。

（5）测试场景

1）双边界车辆平行车位泊车测试

该测试场景模拟车辆停车位夹在前后两车中间，车辆需侧方位停车的场景。

车位由两辆边界车辆和路缘石限制，边界车辆在相同方向对齐，并相互平行，车位长度方向的边界线由边界车辆的最外沿切线构成，如图 11-12 所示。

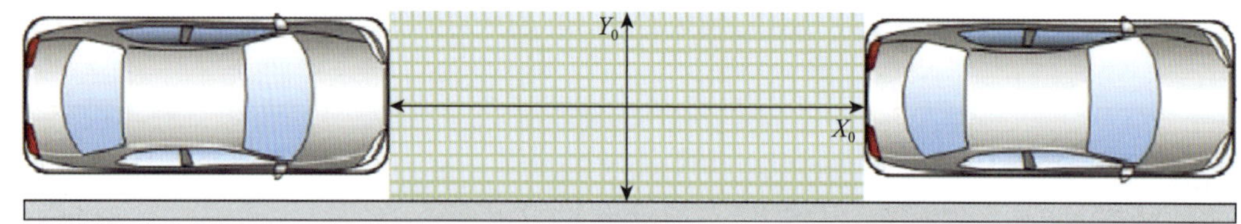

图 11-12　双边界车辆平行车位示意图

测试方法如下。

①选择右侧目标车位进行测试。启动车辆，开启 IPA 系统，驾驶车辆行驶至 A 点，在 A 点时车辆车速 v 和横向间距有一定要求，搜索车位过程中车辆与目标车位横向间距 $d1$、$d2$ 为 1.2 m，搜索车速为 10 km/h。双边界车辆平行车位泊车测试示意图如图 11-13 所示。

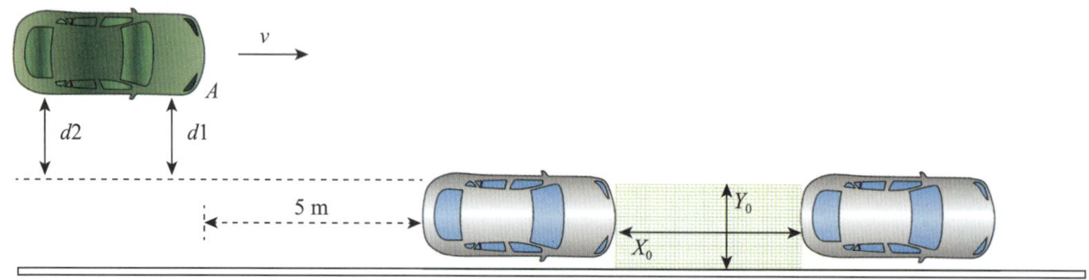

图 11-13　双边界车辆平行车位泊车测试示意图

② IPA 系统提示搜索到车位，或 IPA 系统检测到系统故障，或车辆驶过目标车位后仍搜索不到目标车位，则驾驶员制动。

③ IPA 系统提示搜索到车位，驾驶员根据提示进行泊车操作，IPA 系统自主控制车辆的泊车车速和挡位。

④ IPA 系统发出结束指令或接管请求，或与边界车辆碰撞则结束本次测试。

⑤ 测试完成后，记录入库次数，测量车辆前、后车轮外侧接地点与目标车位路缘石的距离 *D*r、*D*f，如图 11–14 所示。

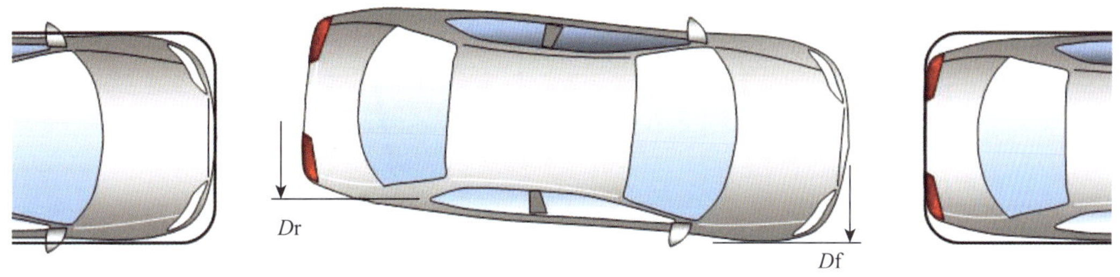

图 11–14　*Dr* 和 *Df* 示意图

2）白色标线平行车位泊车测试

该测试场景模拟车辆停车位由白色矩形标线施画，车辆需侧方位停车的场景。

车位由白色标线和路缘石构成，线宽 15 cm，如图 11–15 所示。车位范围内不能有任何标线及其他障碍物。

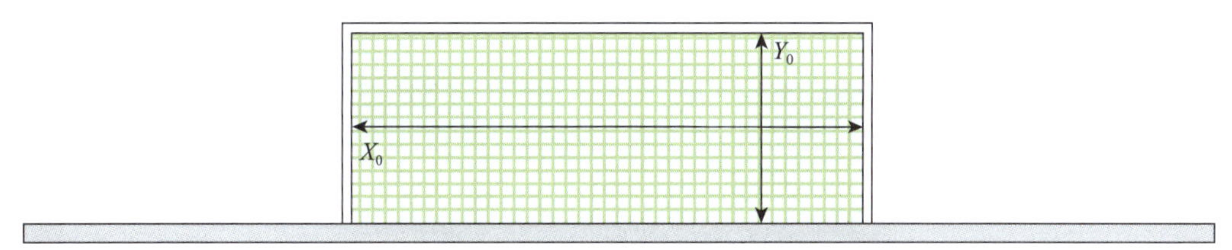

图 11–15　白色标线平行车位示意图

测试方法如下。

① 同双边界车辆平行车位泊车能力测试方法，选择右侧目标车位进行测试，白色标线平行车位泊车测试示意图如图 11–16 所示。

② 测试完成后，记录入库次数，测量车辆前、后车轮外侧接地点与车位边界线内侧的距离 *D*r1、*D*f1，如图 11–17 所示。

3）双边界车辆垂直车位泊车测试

该测试场景模拟车辆停车位夹在左右两车中间，车辆倒车进入车位的场景。

车位由两辆边界车辆限制，边界车辆在相同方向对齐，并相互平行，车位宽度方向的边界线由边界车辆的最外沿（不含后视镜）切线构成，如图 11–18 所示。

情境二

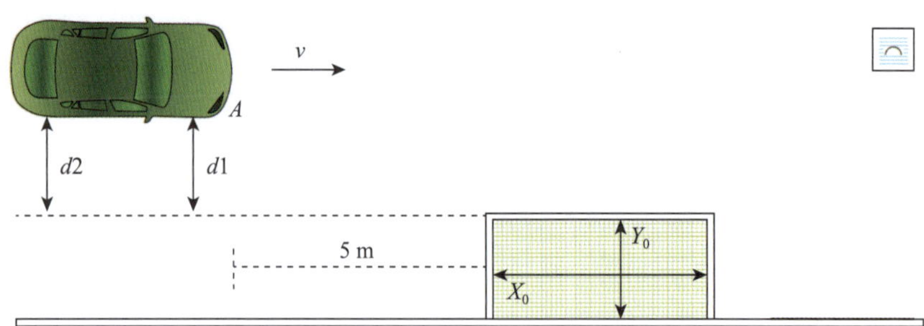

图 11-16　白色标线平行车位泊车测试示意图

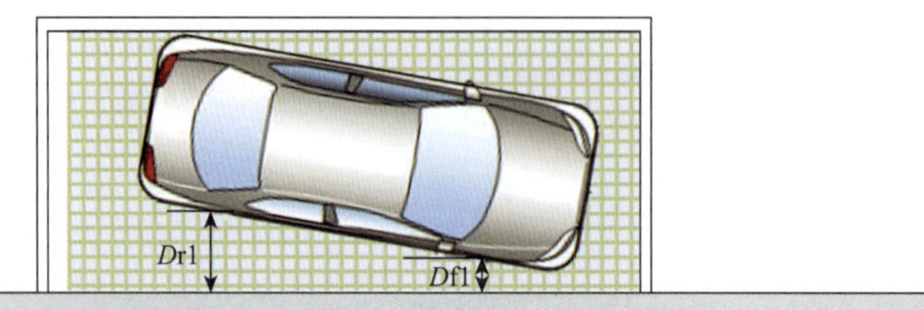

图 11-17　*Dr*1 和 *Df*1 示意图

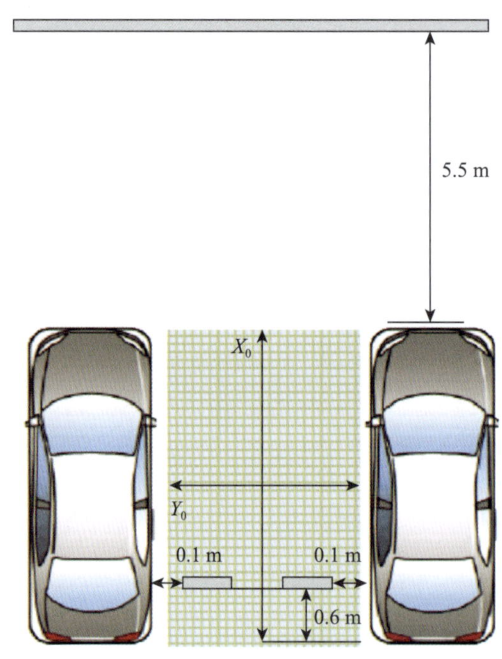

图 11-18　双边界车辆垂直车位示意图

测试方法如下。

① 同双边界车辆平行车位泊车测试方法，双边界车辆垂直车位泊车能力测试示意图如图 11–19 所示，随机选择左侧或右侧目标车位进行测试，测试过程不得更换目标车位相对测试车辆的方向。

② 测试完成后，记录入库次数，测量车辆前后轮轮胎外侧接地点与边界车辆外边缘的距离，判断测试车辆是否停在目标区域内，并计算偏角 β，如图 11–20 所示。

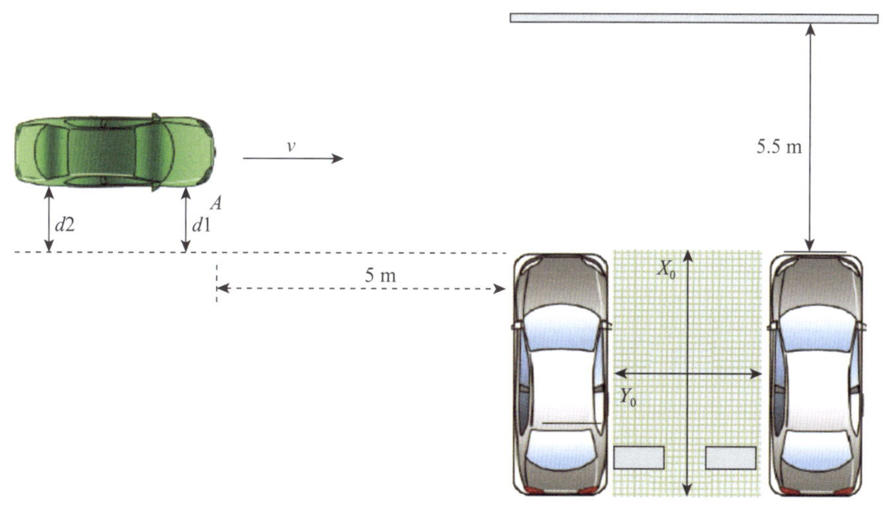

图 11-19　双边界车辆垂直车位泊车能力测试示意图

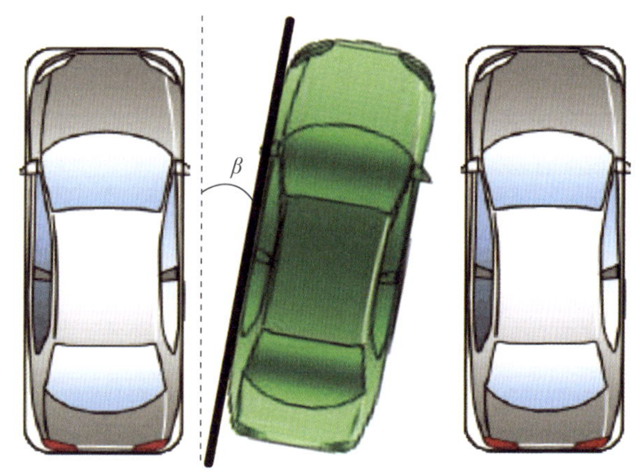

图 11-20　偏角 β 示意图

4）白色标线垂直车位泊车测试

该测试场景模拟车辆停车位由白色矩形标线施画，车辆需倒车进入车位的场景。

采用三个连续的标线垂直车位进行测试。在不相邻的左右标线车位距离车位前端标线内侧 0.5 m 处放置尺寸为 48 cm × 16 cm × 30 cm 的 A 型停车锁。测试时中间车位停车锁收起，两侧车位停车锁展开立起。考察 IPA 系统是否能准确识别并泊入无障碍物的目标停车位。车位由白色标线构成，线宽 15 cm，如图 11-21 所示。

测试方法如下。

① 同双边界平行车位泊车能力测试方法，随机选择左侧或右侧目标车位进行测试，测试过程不得更换目标车位相对测试车辆的方向，白色标线垂直车位泊车测试示意图如图 11-22 所示。

② 测试完成后，记录入库次数，测量车辆前后轮轮胎外侧接地点与车位边界线内侧的距离，判断测试车辆是否停在目标区域内，计算车辆与车位边界线的夹角 $\beta 2$，如图 11-23 所示。

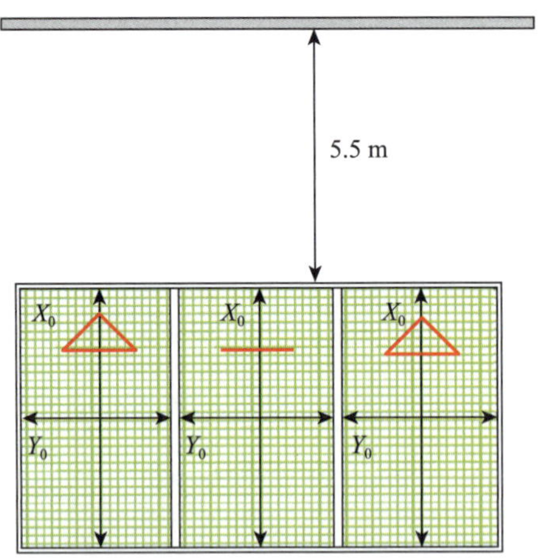

图 11-21　白色标线垂直车位示意图

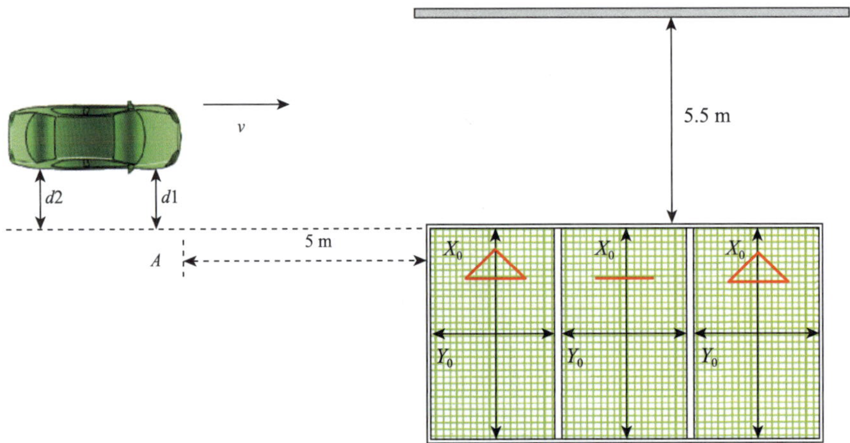

图 11-22　白色标线垂直车位泊车测试示意图

图 11-23　β2 示意图

2. 技能操作

（1）操作准备

准备技能操作所需的物料，见表 11-3。

表 11-3 物料准备

类别	所需物料
教学整车 / 实训平台	智能网联实训汽车或智能驾驶教学平台
仪器、设备、工具	车辆技术手册

（2）IPA 系统平行车位泊车综合测试

根据车辆技术手册，将 IPA 系统平行车位泊车测试过程与结果填入表 11-4 中。

表 11-4 工作记录表

序号	项目	内容	备注
1	测试项目		
2	测试通过标准		
3	测试步骤		
4	测试结果		
5	测试评价与简要说明	是否达到测试通过标准 是□ 否□	

（3）IPA 系统垂直车位泊车综合测试

根据车辆技术手册，将 IPA 系统垂直车位泊车测试过程与结果填入表 11-5 中。

表 11-5　工作记录表

序号	项目	内容	备注
1	测试项目		
2	测试通过标准		
3	测试步骤		
4	测试结果		
5	测试评价与简要说明	是否达到测试通过标准　是□　否□	

检查评估

对本任务的学习情况进行检查，并将相关内容填写在表 11-6 中。

表 11-6　检查表

检查项目	检查结果	结果点评
测试准备		
是否能正确描述 IPA 系统功能与使用注意事项	是□　否□	
是否全面检查所有 IPA 系统部件	是□　否□	
是否完成 IPA 系统工作原理叙述	是□　否□	
综合测试		
是否正确完成 IPA 系统操作	是□　否□	
是否完成全部测试任务	是□　否□	
是否完成测试结果记录与评价	是□　否□	
整理恢复及其他		
是否将工具、设备整理恢复	是□　否□	
是否在工作中发挥团队合作精神	是□　否□	
是否将工作页填写完整	是□　否□	
是否将实训工位打扫干净	是□　否□	

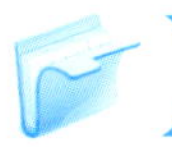

任务小结

本任务小结如图 11-24 所示。

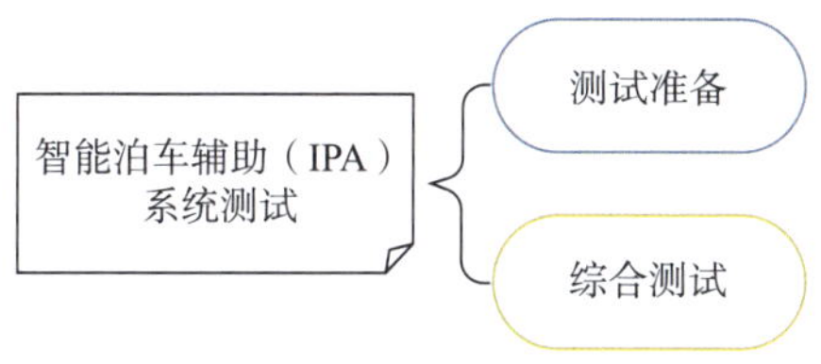

图 11-24　本任务小结

任务十二 自动驾驶循迹系统测试

任务导入

场景：某国产自主品牌汽车整车试验部

人物：主任试验工程师王工、实习试验技师小刚

情节：智能网联汽车自动驾驶循迹系统可以实现车辆在无人操控的状态下自动行驶。今天，小刚就要在王工的指导下，让车辆“神奇”的自己开动起来。如果你是小刚，你将从哪里开始工作呢?

任务目标

▸能根据自动驾驶循迹系统结构组成，规范完成自动驾驶循迹系统部件检查以及相关测试准备工作。

▸能根据自动驾驶循迹系统测试目标与测试方法，规范完成自动驾驶循迹系统综合测试。

任务实施

（一）测试准备

1. 知识学习

（1）自动驾驶定位技术

在自动驾驶车辆的行驶过程中，准确可靠的汽车位置和姿态等定位信息是实现自动驾驶的前提与基础。自动驾驶要求定位系统能够准确、实时感知自身在全局环境中的相对位置，且定位精度要求达到厘米级，同时要求具有较高的可靠性和安全性。

1）按照应用需求进行分类，汽车定位分为高精度地图定位、汽车自身定位与无线通信辅助定位三个类别，如图 12-1 所示。

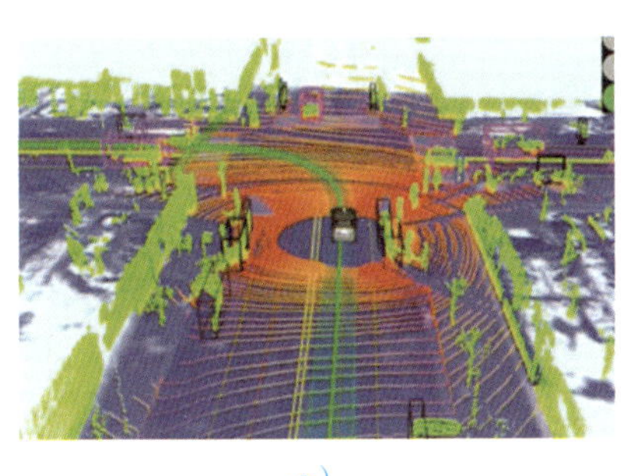
a）

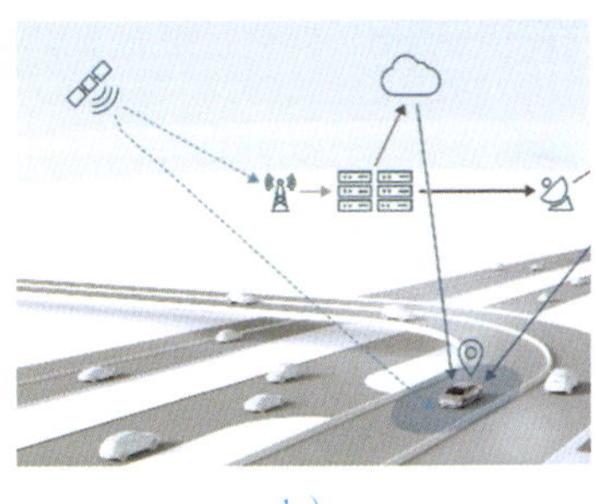
b）

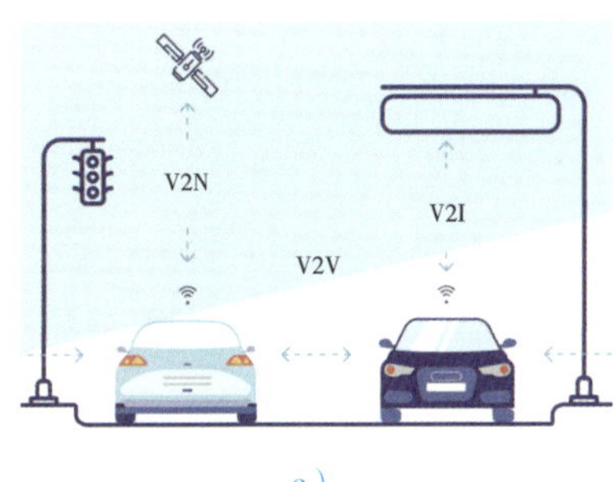

c）

图 12-1　自动驾驶定位技术分类
a）高精度地图定位　b）汽车自身定位　c）无线通信辅助汽车定位

高精度地图是自动驾驶的专用地图，它包含着道路环境三维信息、语义信息与用于多传感器定位的特征图层，在自动驾驶中扮演核心角色。汽车自身定位是通过专门的定位设备，来确定自身位置，通常与高精度地图定位联合使用。随着无线通信技术的发展，蜂窝移动技术、专用短程通信技术、室内通信技术被广泛应用于高精地图定位与汽车自身定位的辅助，实现定位的高可靠度和高安全性。

2）自动驾驶定位技术

常见自动驾驶定位技术主要有以下三种。

①地图匹配技术采用激光雷达或摄像头所采集的数据与高精度地图数据库的数据进行数据特征匹配，使车辆获得实时的自车车头方向角度、所处位置地图坐标等信息。

②卫星定位技术采用飞行时间测距法获取汽车与卫星的距离信息进行演算后再进行定位。常见的卫星导航系统有我国北斗卫星导航系统等。

③航迹递推技术利采用加速计、陀螺仪和里程计等装置，根据上一个时刻的车辆位置和车头方向，递推当前位置和车头方向。航迹递推的本质是在初始位置上累加位移矢量计算当前的位置，它是一个信息累加的过程，因此该技术存在误差累积会影响定位精度。

（2）自动驾驶循迹定义

智能网联汽车自动驾驶循迹系统是一种车辆的自动驾驶系统，可通过激光雷达系统实现先建图后沿预定路线进行自动驾驶的功能。自动驾驶循迹系统使车辆能够快速地在陌生环境下进行自动驾驶。自动驾驶循迹系统所使用的传感器除了激光雷达外，还有采用摄像头的技术方案。

（3）激光雷达与环境点云数据

激光雷达系统一般由激光发射器、扫描与光学部件和感光部件三个部分组成。激光发射器可发出波长为 600~1 000 nm 的激光射线；扫描与光学部件主要用于收集激光反射点信息，即获取射向该反射点的激光发射到接收的时间差和水平角度信息；感光部件主要检测反射光的强度，因此检测到的每一个点都包括了空间坐标信息以及光强度信息。

情境二

激光雷达测量目标物体实际距离的方式是通过向目标物体发射激光，再利用激光从发射到接收的时间间隔来计算距离的。

利用激光雷达测距获取车辆周围信息的过程是通过激光雷达点云图实现的，具体过程是利用发射器和接收器，在短时间内发射万级到十万级的激光脉冲。每次发射脉冲后，都可以获得一个被测物体上的点的具体坐标，如图 12–2a 所示。在此激光雷达点云图的采样过程中，当获得足够多的点坐标时，即可产生车辆周围环境的激光雷达点云图，进而将车辆周围的环境信息量化。最后，通过激光的发射距离及发射角度，运用简单的几何变换可以推导出物体的形状轮廓和位置信息等，如图 12–2b 和图 12–2c 所示。

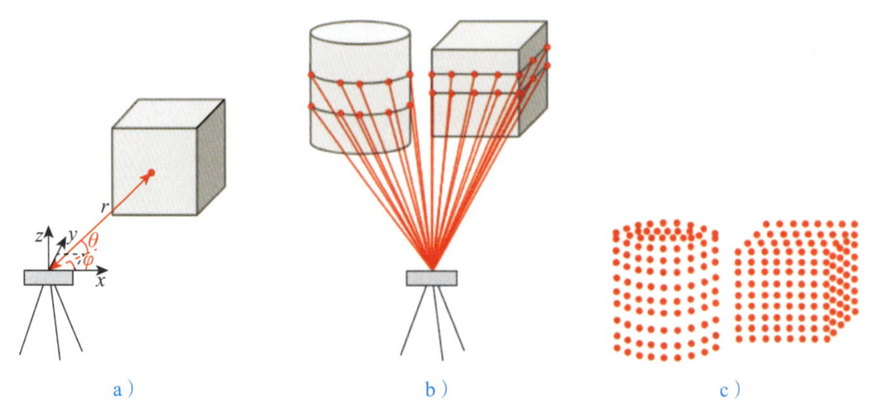

图 12–2 激光雷达点云图生成原理

a）激光雷达获取点坐标 b）激光雷达扫描物体 c）获取信息的点云数据

（4）激光雷达技术优势与自动驾驶技术发展趋势

激光雷达技术的显著特点是可采集目标表面深度信息，得到目标相对完整的空间信息，经数据处理重构目标三维表面，获得更能反映目标几何外形的三维图形，同时还能获取目标表面反射特性、运动速度等丰富的特征信息，为目标探测、识别、跟踪等数据处理提供充分的信息支持，进而降低算法的难度；激光技术是一种主动探测技术，具有测量分辨率高、抗干扰能力强、抗隐身能力强、穿透能力强和全天候工作等特点。具体来说，相对于摄像头，激光雷达由于是主动发射光束，因此较少受周围环境如弱光、雨雪、烟尘的影响；摄像头在进行图像识别处理时需要消耗大量的算力，而激光雷达产生的三维地图信息更容易被计算机解析。相较于毫米波雷达，激光雷达的分辨率更高。

在自动驾驶领域，激光雷达与其他传感器融合感知的技术方案可以有效提高车辆对周围环境感知的准确度。目前智能网联汽车采用较多的是“毫米波雷达 + 摄像头”的方案，随着车载激光雷达的普及，“3D 激光雷达 + 高精度导航地图 + 云计算”被认为是更理想的技术方案。

（5）激光雷达系统检查与数据读取

典型激光雷达系统由激光雷达、连接线束及数据处理器组成，如图 12–3 所示。其中激光雷达一般安装于车辆顶部高处，用于最大范围探测车辆周边环境（360° 环影）。

激光雷达系统检查的项目包括激光雷达部件检查、安装检查、线束连接检查、激光雷达点云数据检查。激光雷达部件检查需查看部件外观是否完好，外罩是否有污损；安装检查需要查看激光雷达安装螺栓是否紧固，安装平面是否符合车辆设计要求；线束连接检查需检查系统线路中各插接件是否连接牢固，线束走向是否顺畅，必要时进行线束整理与捆扎固定。

注意，激光雷达近距离、长时间对眼部照射会造成视觉伤害，激光雷达在工作时外壳温度容易造成烫伤，因此激光雷达部件检查、安装检查与线束连接检查需在车辆未启动时进行。

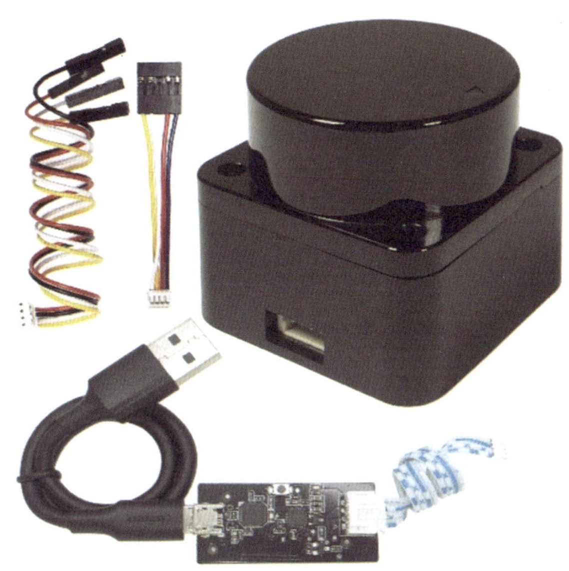

图 12-3　激光雷达系统

激光雷达数据在可视化软件中呈现的激光雷达图像如图 12-4 所示，在点云图像中，颜色代表了激光反射的强度差异，可用于区分环境物体材质以进行识别归类。

图 12-4　激光雷达图像

激光雷达系统点云数据检查可按照图 12-5 所示的步骤进行操作。

图 12-5　激光雷达系统点云数据检查步骤

2. 技能操作

（1）操作准备

准备技能操作所需的物料，见表 12-1。

表 12-1　物料准备

类别	所需物料
教学整车／实训平台	智能网联实训汽车或智能驾驶教学平台
仪器、设备、工具	车辆技术手册、工作手套、工具扳手

（2）激光雷达系统检查

按照车辆技术手册，对激光雷达系统进行检查，将工作内容记录在表 12-2 中。

表 12-2　工作记录表

序号	项目	工作内容	检查结果	备注
（示例）	部件检查	激光雷达外观是否完好	是■　否□	
1	安全操作注意事项	是否正确填写安全操作注意事项	是□　否□	
2			是□　否□	
3			是□　否□	
4			是□　否□	
5			是□　否□	
6			是□　否□	
7			是□　否□	
8			是□　否□	
9			是□　否□	
10			是□　否□	
11			是□　否□	
12			是□　否□	

（二）综合测试

1. 知识学习

（1）激光雷达同步定位与地图构建（SLAM）原理

同步定位与地图构建（SLAM，simultaneous localization and mapping）包含车辆的定位与地图的构建两部分。

SLAM 可以使自动驾驶汽车以及机器人从未知环境的未知地点出发，在运动过程中通过观测到的环境特征定位自身位置和姿态，再根据自身位置构建周围环境的地图，从而达到同步定位和地图构建的目的。在进行定位和建图时，SLAM 主要借助传感器来获取原始数据，一边进行自我定位，一边实现环境地图的构建，其使用的传感器主要有激光雷达、摄像头、惯性测量单元（IMU）等。

试验车辆在行驶过程中通过 IMU 计算得到里程计信息，结合假设的运动模型对自身位置进行初步估计，然后将激光雷达扫描获取的不同帧的点云数据进行特征提取，求得特征匹配误差最小的车辆的位置变换矩阵，从而得到不同时刻的精确位置信息。在获得精确位置后，将激光点云添加到栅格地图中，反复操作，最终完成整个场景地图的构建和车辆的定位。建图流程如图 12-6 所示。

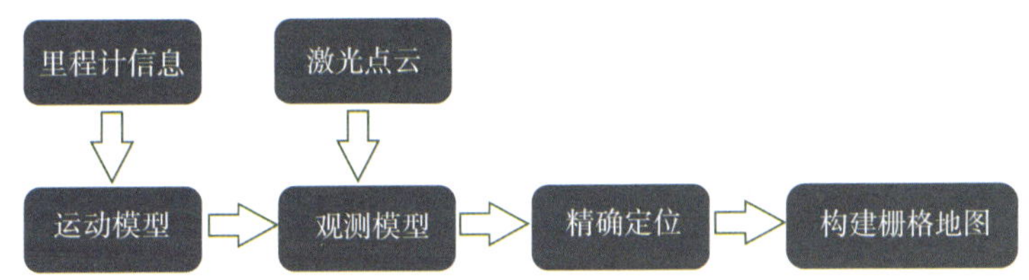

图 12-6　建图流程

（2）点云数据处理

在进行基于激光雷达的自动驾驶过程中，需要对激光雷达点云数据进行特别处理，处理工作主要包括激光点云特征提取。激光点云特征按照空间尺寸可分为局部特征和全局特征。局部特征为几何形状特征描述，全局特征为拓扑特征描述，如物体遮挡等。激光点云的法向量是点云处理（如分割、聚类和重建）的基础。法向量是利用临近点拟合曲面或平面求得的。激光点云配准是将多个角度采集的数据进行拼接，消除误差并统一坐标系。激光点云分割是为了识别特征，将物体的几何形状与其他特征分割出来。

点云库提供了大量的数据类型和数据结构，能够方便地表示激光点云位置、反射强度等属性，同时还提供大量的先进算法对点云数据进行处理，如滤波、点云配准、平面分割及表面重建等，点云数据处理流程如图 12-7 所示。通过激光雷达采集的点云数据是以消息数据的形式在各节点之间进行传递的。

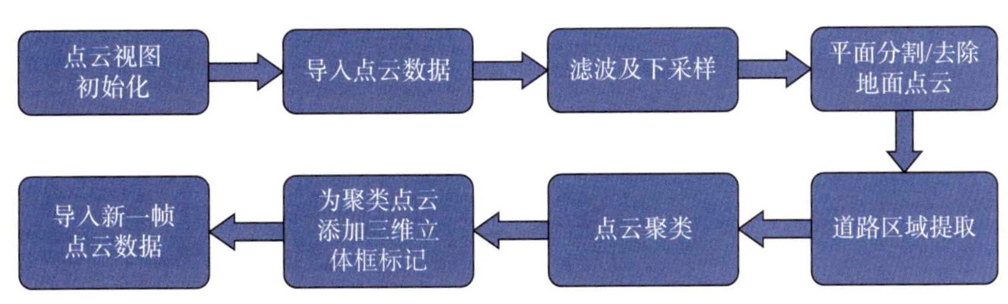

图 12-7　点云数据处理流程

(3) 自动驾驶循迹系统综合测试操作流程

自动驾驶循迹系统综合测试应在包含直线和曲线车道组合的场地进行。

激光雷达自动驾驶循迹系统综合测试的操作流程，首先需要人为操控车辆对循迹过程进行“录制”，然后调取自动驾驶程序，使车辆自主行驶，如图 12-8 所示。

图 12-8　自动驾驶循迹系统综合测试操作流程

(4) 自动驾驶循迹系统综合测试通过标准

自动驾驶循迹系统综合测试通过标准主要包括车辆是否可以完成行驶环境点云建图、是否可以记录行驶轨迹、是否可以完成循迹自动驾驶三项。

在自动驾驶循迹过程中，车辆行驶路径不得与录制路径有明显偏差，包括直道与弯道的行驶全程。行驶速度应符合预设数值且车辆匀速行驶。全程不得出现车辆急停、自动驾驶功能自动退出以及故障灯闪亮等问题。

2. 技能操作

(1) 操作准备

准备技能操作所需的物料，见表 12-3。

表 12-3　物料准备

类别	所需物料
教学整车 / 实训平台	智能网联实训汽车或智能驾驶教学平台
仪器、设备、工具	车辆技术手册

(2) 自动驾驶循迹系统综合测试

根据车辆技术手册，将自动驾驶循迹系统综合测试过程与结果填入表 12-4 中。

表 12-4　工作记录表

序号	项目	内容	备注
1	测试项目		
2	测试通过标准		

续表

序号	项目	内容	备注
3	测试步骤		
4	测试结果		
5	测试评价与简要说明	是否达到测试通过标准　是□　否□	

检查评估

对本任务的学习情况进行检查，并将相关内容填写在表 12-5 中。

表 12-5　检查表

检查项目	检查结果	结果点评
测试准备		
是否能规范讲解自动驾驶定位技术	是□　否□	
是否能正确讲解激光雷达技术方案优点	是□　否□	
是否能正确完成激光雷达系统检查	是□　否□	
综合测试		
是否规范完成循迹轨迹录制	是□　否□	
是否实现车辆自动驾驶	是□　否□	
是否完成测试结果记录与评价	是□　否□	
整理恢复及其他		
是否将工具、设备整理恢复	是□　否□	
是否在工作中发挥团队合作精神	是□　否□	
是否将工作页填写完整	是□　否□	
是否将实训工位打扫干净	是□　否□	

任务小结

本任务小结如图 12-9 所示。

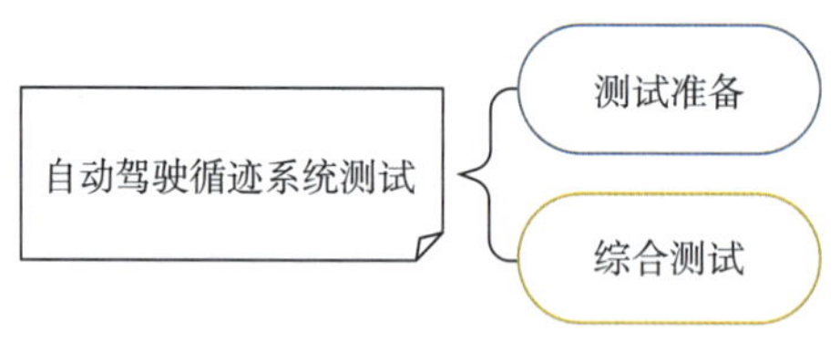

图 12-9　本任务小结

情境三
模拟仿真整车系统综合测试

情境介绍

智能网联汽车技术及产品的测试验证是保证车辆安全性与可靠性，实现大规模产业化所必需的重要开发阶段。近年来，各大智能网联汽车领先国家都为智能网联汽车先进技术的测试建造了大量的封闭测试场地，并设置开放测试道路。但是由于汽车行驶环境具有典型的随机性和不确定性，以及测试规范中所规定的测试里程要求，因此传统的实车测试方法存在周期长、成本高，甚至测试难以达到效果的问题。随着计算机技术在自动驾驶领域的应用，车辆模拟仿真测试正在成为重要的整车测试技术手段，在开发和测试中发挥着重要的作用。

本情境有模拟仿真测试环境检查、AEB 系统仿真测试两个任务，内容包括模拟仿真测试系统硬件检查、软件检查、AEB 系统测试系统设置与调试等。

情境目标

▸ 能根据模拟仿真测试技术应用规范，正确完成模拟仿真测试系统的硬件与软件检查。

▸ 能按照 AEB 系统模拟仿真测试要求，正确设置和调试测试系统，规范完成 AEB 系统模拟仿真测试。

任务十三
模拟仿真测试环境检查

任务导入

场景：某国产自主品牌汽车整车试验部

人物：主任试验工程师李工、实习试验技师小石

情节：在本轮国产自主品牌汽车整车测试中，小石从进入部门起就发现自己的师傅李工一直在忙碌地操作着计算机，屏幕中一台汽车正在各种道路场景中行驶。小石一直认为整车综合测试工作应该总是在实际测试场地进行，因此感到非常好奇。李工发现了小石的困惑，向小石说道："项目开始到现在，我负责的这台样车可比那些实车测试的同事所负责的样车多跑了 10 倍的测试里程。因为我对车辆进行的是模拟仿真测试。"下面，请随小石一起，开启使用模拟仿真技术对智能网联汽车进行测试的学习之旅吧。

任务目标

▸ 能按照车辆模拟仿真测试技术要求，全面掌握模拟仿真系统硬件组成，正确完成系统硬件检查。

▸ 能按照车辆模拟仿真测试技术要求，了解模拟仿真软件系统安装与调试方法，正确完成系统软件准备工作。

任务实施

（一）硬件检查

1. 知识学习

（1）模拟仿真测试定义与特点

汽车模拟仿真测试（automotive simulation testing）是一类以计算机为工具，基于计算机模拟仿真技术，模拟车辆在开放道路或封闭试验场地测试行驶的车辆开发与测试技术手段，如图 13-1 所示，其主要具有以下特点。

1）便于进行道路交通事故的模拟。实车测试时，在封闭测试场地对潜在道路交通事故的设置存在危险性和复现难度；在开放道路测试中测试车辆智能驾驶系统应对潜在道路交通事故需要漫长的测试周期，且要承担巨大的人身安全与财产损失风险。

2）可应用多种测试场景，获取巨大数据资源。智能驾驶模拟仿真测试系统一般都具有内容丰富、还原逼真、数量巨大的虚拟测试场景，可进行各种工况下的测试任务，满足全天候、全工况的各级别自动驾驶的测试需要，相对实车测试具有巨大的效率优势。

此外，汽车模拟仿真测试技术还具有可便捷、自动地调整试验参数、自动进行测试评价和结果记录等优点。

图 13-1　汽车模拟仿真测试

（2）汽车模拟仿真测试分类

汽车模拟仿真测试主要类型有模型在环测试（MIL）、软件在环测试（SIL）、硬件在环测试（HIL）、车辆在环测试（VIL）和驾驶员在环测试（DIL，driver in loop），前三种测试的知识前文已经讲解过，对于 DIL 来说，它是一种基于驾驶员和硬件在环的实时仿真技术，结合驾驶员的实际操作行为，模拟车辆在智能系统工作下的行驶表现，又称为人在回路仿真测试，驾驶员在环测试使用驾驶模拟器结合模拟仿真系统进行。

（3）模型在环测试系统硬件配置

车辆模拟仿真测试系统运行要基于精确的物理模型、复杂的数值计算和高逼真的图形渲染，故其使用的计算机需要较高的硬件配置。典型的模拟仿真系统如图 13-2 所示，由显示器、计算机主机、键盘和鼠标组成。计算机主机中安装有中央处理器、硬盘、显卡、内存、电源、声卡、主板等硬件。

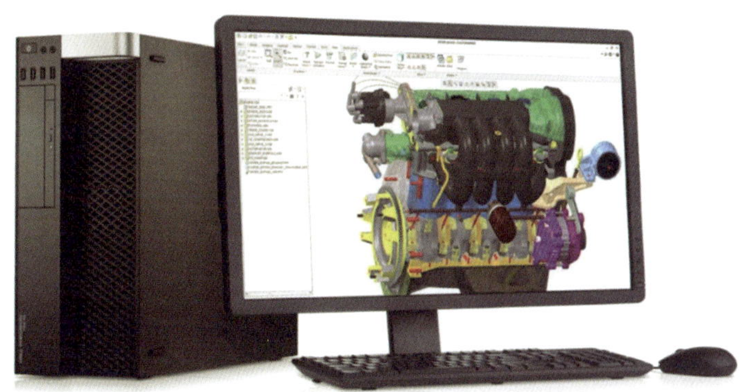

图 13-2　典型的模拟仿真系统

对于模拟仿真系统，显示器、中央处理器、硬盘、内存、显卡是关键配置，需达到系统提出的性能要求，硬件配置对比见表 13-1。

表 13-1　硬件配置对比

硬件名称	模拟仿真系统推荐配置	家庭娱乐计算机配置（供对比）
显示器	27″（2 560 × 1 440）	23″（2 560 × 1 440）
中央处理器	i7-8700K	i5-13400
硬盘	512 GB SSD+ 1 TB HDD	1 TB HDD
内存	32 GB	16 GB
显卡	NVIDIA RTX 2080Ti（8 GB）	Intel® UHD Graphics 730

1）计算机显示器在车辆模拟仿真测试系统中用于显示交互界面，进行参数设置，监视车辆运行情况。车辆模拟仿真测试系统窗口一般同时显示多个参数设置面板和车辆运行主画面，因此对于显示器的主要性能要求是显示器屏幕的尺寸。显示器屏幕的尺寸单位为英寸，是显示器屏幕对角线的尺寸。模拟仿真测试系统需要在显示界面上进行数量众多的参数设置和测试结果曲线分析，因此对显示器的分辨率也有要求。显示器的分辨率由像素点在长、宽两个方向上的数量表示，例如 2 560 × 1 440，该显示器又被称为 2K 显示器。

2）中央处理器，即计算机 CPU，在车辆模拟仿真测试系统中对系统运算速度有决定性影响。配置表中的中央处理器参数主要是品牌型号。根据品牌型号，可以查到该 CPU 的内核数、线程数、中央处理器基本频率等参数，这几项数值越高表明该 CPU 计算能力越强。

3）硬盘是车辆模拟仿真测试系统重要的存储介质，用于安装测试系统并存储测试结果数据。硬盘主要有固态硬盘（SSD）和机械硬盘（HDD）两种。机械硬盘是传统硬盘，内部有磁盘，通过磁盘的高速旋转，并使用相应的磁头读取或存储数据。固态硬盘是由多个闪存芯片加主控及缓存组成的阵列式存储设备，属于以固态电子存储芯片阵列制成的硬盘。固态硬盘是以半导体状态作为记忆介质，机械硬盘是以磁作为记忆介质。固态硬盘在读写速度上远超机械硬盘。

在车辆模拟仿真测试系统中，一般推荐采用混合硬盘，即机械硬盘与固态硬盘的结合体。系统安装在固态硬盘中以提升计算机的整体性能，其他数据则存储在机械硬盘中，降低系统成本。“512 GB SSD+1 TB HDD”配置意为 512 GB 容量的固态硬盘和 1 TB 容量的机械硬盘。

4）内存（RAM）也称内存储器和主存储器，用于暂时存放 CPU 中的运算数据，以及与硬盘等外部存储器交换数据。内存性能对计算机整体运行快慢有重要影响。内存的主要参数为容量，该数值越大，证明内存性能越好。

5）显卡全称为显示接口卡，又称显示适配器，显卡安装在计算机主板上，其作用是将计算机的数字信号转换成模拟信号让显示器显示出来，同时显卡还具有图像处理能力，可协助 CPU 工作，提高车辆模拟仿真测试系统的运行效率。显卡在配置表中一般以品牌、型号和显存大小的形式给出。在显卡核心性能充足的情况下，显存容量是主要影响因素。

（4）硬件配置检查方法

1）显示器参数检查

显示器尺寸及分辨率信息可以通过查看显示器操作手册，或者通过按下显示器设置按键，切换到显示器的显示信息相关页面查看显示器型号、当前分辨率等信息，如图 13-3 所示，再通过查到的显示器型号，在互联网上查询该显示器的参数信息。在某些品牌中，显示器型号本身含有尺寸信息，在本例中该显示器尺寸即为 23 英寸。

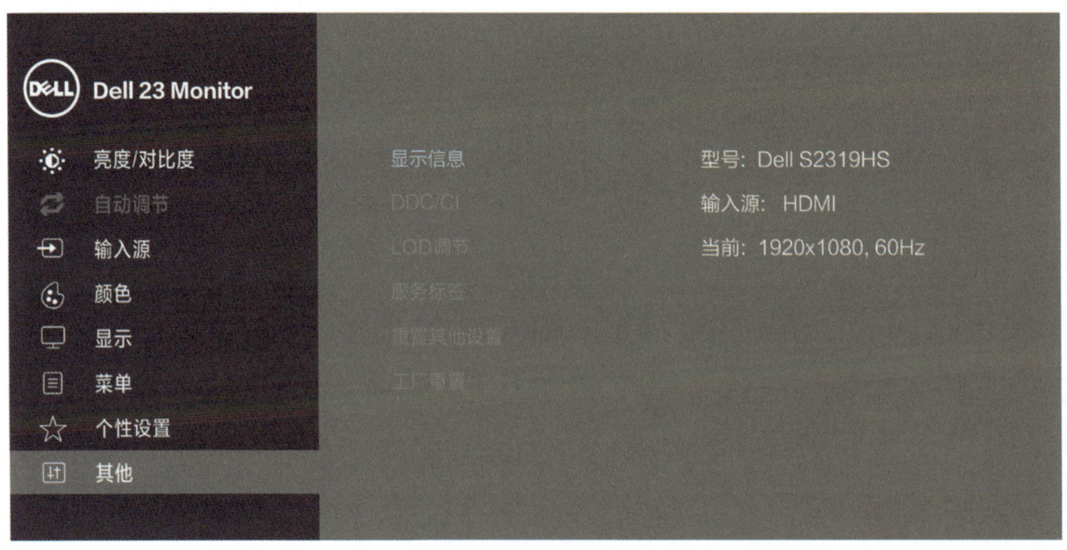

图 13-3　显示器信息

2）处理器与内存参数检查

在 Windows 计算机操作系统上，硬件配置检查方法是使用鼠标右键单击“此电脑”图标，在弹出的菜单中选择“属性”选项，如图 13-4 所示。在“系统”下的设备规格列表中进行查看，如图 13-5 所示。

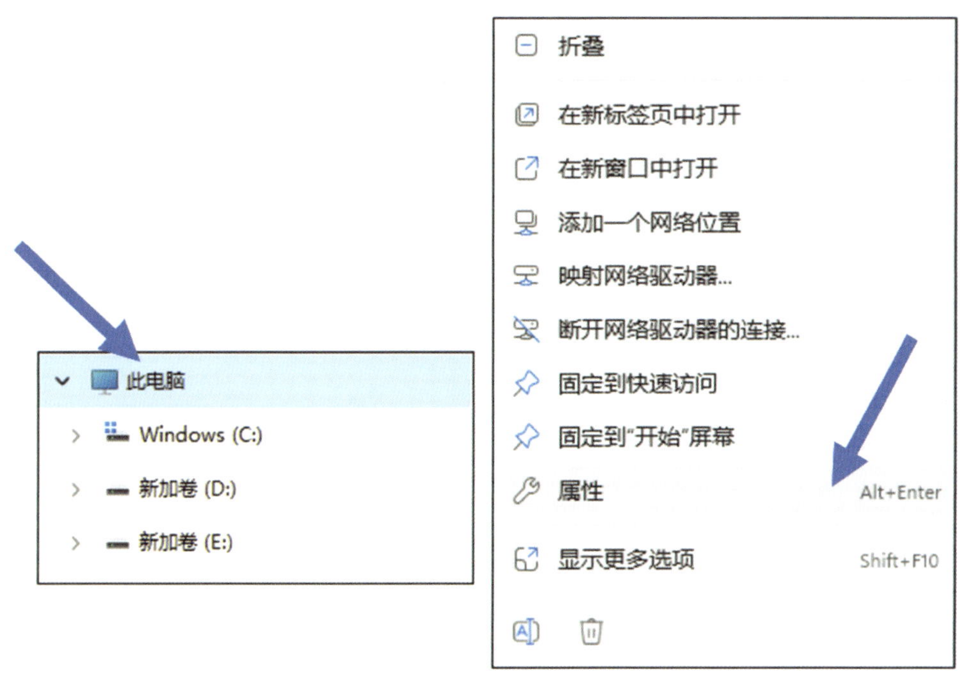

图 13-4　处理器与内存查看操作途径

图 13-5　处理器与内存查看界面

3）显卡参数检查

在系统中打开“设备管理器”窗口，单击“显示适配器”下拉按钮，查看显卡型号，如图 13-6 所示。

4）硬盘参数检查

计算机中硬盘型号可以通过“设备管理器”窗口中的“磁盘驱动器”进行查看。硬盘容量及使用情况可通过 Windows 操作系统中“此电脑”对“设备和驱动器”进行逐盘检查。

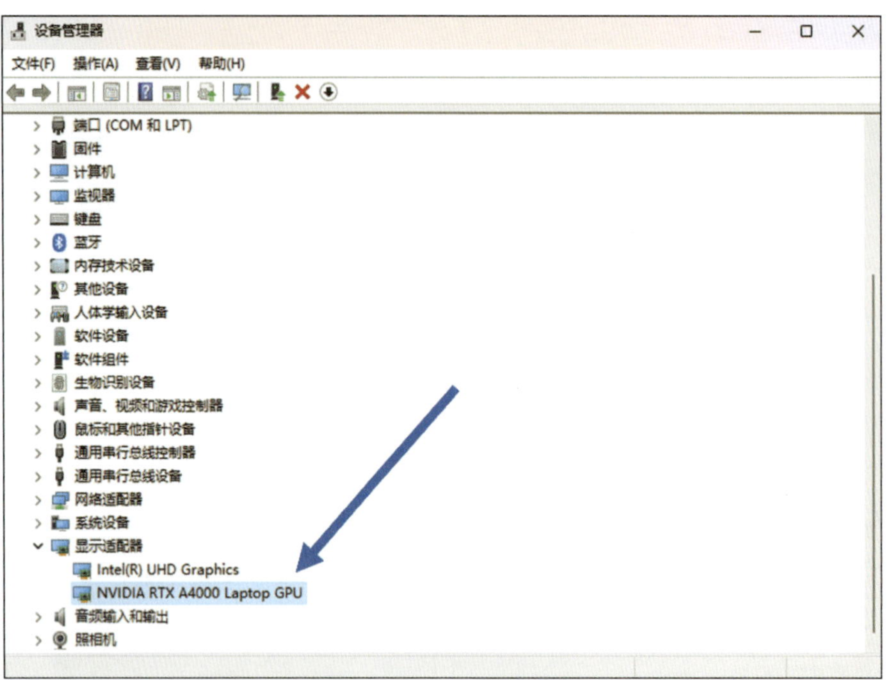

图 13-6　显卡型号查看界面

2. 技能操作

（1）操作准备

准备技能操作所需的物料，见表 13-2。

表 13-2　物料准备

类别	所需物料
教学整车 / 实训平台	具备智能网联汽车测试功能的模拟仿真测试平台
仪器、设备、工具	测试软件产品手册、主机操作手册、笔、纸

（2）测试软件硬件配置需求查询

按照测试软件产品手册，对该软件的硬件配置推荐列表和最低配置列表进行查看，将工作内容分别记录在表 13-3 和表 13-4 中。

表 13-3　工作记录表（推荐配置）

序号	项目	内容	备注
1	软件名称		
2	配置级别	推荐配置 ☑　最低配置 □	
序号	名称	型号	主要参数
1	显示器		

续表

序号	名称	型号	主要参数
2	中央处理器		
3	硬盘		
4	内存		
5	显卡		

表 13-4　工作记录表（最低配置）

序号	项目	内容	备注
1	软件名称		
2	配置级别	推荐配置 □　最低配置 ☑	
序号	名称	型号	主要参数
1	显示器		
2	中央处理器		
3	硬盘		
4	内存		
5	显卡		

（3）测试主机硬件配置检查

按照测试主机的硬件配置进行检查，将工作内容记录在表 13-5 中。

表 13-5　工作记录表

序号	名称	型号	主要参数
1	显示器		
2	中央处理器		
3	硬盘		
4	内存		
5	显卡		

（二）软件检查

1. 知识学习

（1）智能驾驶模拟仿真关键技术

智能驾驶模拟仿真关键技术包括汽车行驶环境模拟技术、智能汽车环境传感器建模技术、车辆动力学建模技术、一体化模拟仿真技术等四项。

1）汽车行驶环境模拟技术

行驶环境不仅是影响汽车行驶安全和性能的因素，也是影响车载环境传感器对环境检测和感知的关键因素。汽车行驶环境模拟技术的模拟对象除了包括道路、交通、天气和光照等，还包括温度、湿度、气压、雨、雪、雾等在内的大气现象。图 13–7 所示为环岛道路环境模拟。

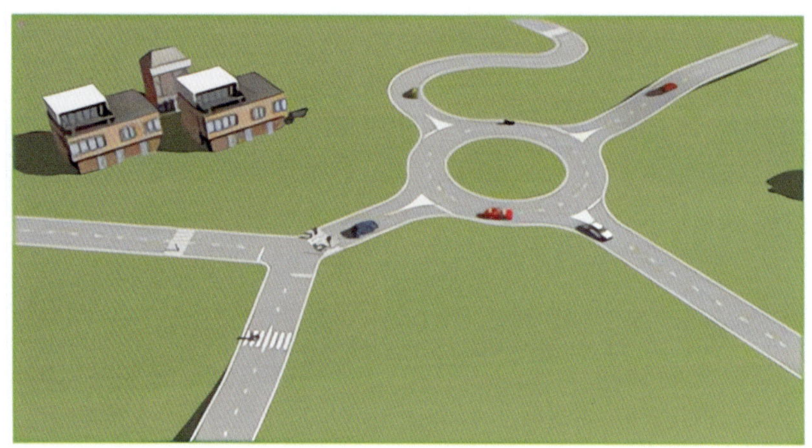

图 13–7　环岛道路环境模拟

2）智能汽车环境传感器建模技术

智能网联汽车的环境感知部件一般有视觉传感器、毫米波雷达、激光雷达、超声波雷达等多种环境感知传感器以及定位和无线通信设备。传感器建模技术不仅要准确模拟各种传感器的感知过程，同时还要真实再现复杂天气、地表杂波和干扰等环境因素对环境感知结果的影响。图 13–8 所示为超声波雷达模拟仿真界面。

3）车辆动力学建模技术

车辆动力学建模包括汽车底盘和动力总成建模、轮胎建模、转向盘力感模拟和驾驶模拟器动感模拟等，以支持智能驾驶汽车在各种行驶工况下的运动轨迹跟随、避撞，以及动力性、舒适性和操纵稳定性等的模拟仿真。

4）一体化模拟仿真技术

一体化模拟仿真平台可实现从离线到实时、从软件模拟到硬件在环、从虚拟仿真到实车测试，以及包含人车环境在内的无缝工具链和数据链，形成支持汽车智能驾驶技术与产品研发不同阶段、不同环节和不同需求下的分析、设计、研究、测试、验证和评价等一体化仿真流程与平台。

图 13-8　超声波雷达模拟仿真界面

（2）智能驾驶模拟仿真软件功能

目前汽车行业中已有多款成熟的智能驾驶模拟仿真测试系统被各大车企使用。这类软件通常为面向汽车自动驾驶技术与产品研发的一体化仿真与测试平台，包括高精度车辆动力学模型、高逼真汽车行驶环境与交通模型、车载环境传感器模型和丰富的测试场景等模块，以及面向汽车自动驾驶软硬件开发的场景及交通流构建、车辆建模、环境传感器构建、虚拟实验台、动画与绘图等系列工具链，如图 13-9 所示，具有很强的开放性与拓展性，支持第三方的二次定制化开发，该类软件使用过程中与专门的数值计算与仿真软件无缝链接，可以联合完成测试任务。

汽车电控与ADAS（ABS/ESP/ACC/AEB/IPA/LKA等）

车辆及动力学模型

模拟交通参与者（车辆、行人、障碍物等）

交通流

道路模型

模拟环境传感器（雷达、摄像头、GPS、无线通信等）

虚拟行驶环境（道路、交通、环境、天气等）

高速自动驾驶

图 13-9　典型智能驾驶模拟仿真软件的功能

（3）软件仿真工具模块

软件仿真工具模块又称为仿真工具链，是构建综合测试任务的若干模块。以国产模拟仿真软件 PanoSim 为例，该软件有测试主界面、场景编辑器、车辆编辑器、传感器编辑器、测试任务编辑、数据管理、数据后处理和图表绘制等仿真模块，并包括各类丰富且高逼真的车辆、驾驶员、交通流模型、交通干扰模型及传感器模型。

1）测试主界面

测试主界面为软件的基本界面，用于创建和定义测试任务，可选择并设置测试场景与测试车辆，可设置测试条件和工况，如道路、交通流模型和天气，可设置驾驶与仿真参数，自动产生软件仿真模型，并进行仿真功能验证等。

2）场景编辑器

场景编辑器用于创建或编辑仿真实验所需三维数字虚拟场景，包括道路网络、道路路面和车道信息、地形、周边建筑和交通设施等。

3）传感器编辑器

传感器编辑器用于安装、设置各类车载传感器及其预览仿真效果，以摄像头为例，支持对车载视觉传感器（例如单孔摄像头、鱼眼摄像头、双目摄像头等）建模，并根据摄像头安装位置、姿态，以及摄像头自身的物理特性（例如焦距、视场角、横纵像素数等）模拟摄像头拍摄图像视频等。

4）车辆编辑器

车辆编辑器用于创建或编辑仿真实验所用车辆及动力学模型，包括车辆外形、高精度非线性复杂动力学模型、高效简单车模型、电动汽车模型、轮胎动力学模型、传动系统和空气动力学模型等，并兼容其他商业软件的模型。

5）数据后处理和图表绘制工具

数据后处理和图表绘制工具支持对仿真实验数据进行动画的回放、抓图与录像，能够将实验各个信道数据进行组合，并生成图表，便于数据分析和后处理等。

（4）软件检查内容及方法

智能驾驶模拟仿真综合测试软件的检查主要包含软件基本信息检查、软件安装情况检查、软件版本检查、软件基本运行检查等四个方面。

1）软件基本信息检查

打开智能驾驶模拟仿真综合测试主机，结合技术手册，查看仿真软件名称、快捷方式图标是否与手册信息一致。

2）软件安装情况检查

通过双击快捷方式图标或搜索仿真软件并单击打开的方式，查看仿真软件是否可以正常打开，无报错、闪退，打开时间一般不应超过 10 s。

3）软件版本检查

根据技术手册查看仿真软件版本信息，与技术手册信息进行对照，确认系统所安装软件为正确版本。

4）软件基本运行检查

查看仿真软件主界面，根据技术手册，将界面中的区域与技术手册中的介绍相对应。检查各功能区块是否显示完整，按照技术手册，在主界面进行简单操作，检查系统反应是否正常。

2. 技能操作

（1）操作准备

准备技能操作所需的物料，见表 13–6。

表 13–6　物料准备

类别	所需物料
教学整车 / 实训平台	具备智能网联汽车测试功能的模拟仿真测试平台
仪器、设备、工具	测试软件产品手册、主机操作手册、笔、纸

（2）仿真软件检查

对仿真软件进行检查，将工作内容记录在表 13–7。

表 13–7　工作记录表

<table>
<tr><th>序号</th><th>项目类别</th><th>项目</th><th>内容</th><th>检查结果</th></tr>
<tr><td>1</td><td rowspan="3">基本信息查看</td><td>技术手册中的软件名称</td><td></td><td rowspan="2">是否一致
是□　否□</td></tr>
<tr><td>2</td><td>系统所安装的软件名称</td><td></td></tr>
<tr><td>3</td><td>图标检查</td><td>是否找到软件快捷键图标</td><td>是□　否□</td></tr>
<tr><td>4</td><td rowspan="3">安装情况检查</td><td>开启功能检查</td><td>软件是否可以正常打开</td><td>是□　否□</td></tr>
<tr><td>5</td><td>开启过程检查</td><td>软件打开过程中是否存在报错、闪退等异常现象</td><td>是□　否□</td></tr>
<tr><td>6</td><td>开启时间检查</td><td>开启耗时：</td><td>是否正常　是□　否□</td></tr>
<tr><td>7</td><td rowspan="2">版本检查</td><td>技术手册中的软件版本号</td><td></td><td rowspan="2">是否一致
是□　否□</td></tr>
<tr><td>8</td><td>系统所安装的软件版本号</td><td></td></tr>
<tr><td>9</td><td rowspan="3">基本运行检查</td><td>技术手册中软件主界面区域划分</td><td>区域数量：
各区域名称：</td><td></td></tr>
<tr><td>10</td><td>系统所安装软件主界面区域数量</td><td>区域数量：</td><td>是否与手册一致
是□　否□</td></tr>
<tr><td>11</td><td>系统所安装软件主界面完整性</td><td>主界面是否显示完整</td><td>是□　否□</td></tr>
</table>

情境三

检查评估

对本任务的学习情况进行检查，并将相关内容填写在表 13-8 中。

表 13-8　检查表

检查项目	检查结果	结果点评
硬件检查		
是否能规范讲解模拟仿真系统的用途	是□　否□	
是否能正确介绍系统主要硬件及功能	是□　否□	
是否能规范完成硬件配置检查	是□　否□	
软件检查		
是否能正确讲解软件关键技术	是□　否□	
是否能规范核对软件版本信息	是□　否□	
是否能规范完成软件检查	是□　否□	
整理恢复及其他		
是否将工具、设备整理恢复	是□　否□	
是否在工作中发挥团队合作精神	是□　否□	
是否将工作页填写完整	是□　否□	
是否将实训工位打扫干净	是□　否□	

任务小结

本任务小结如图 13-10 所示。

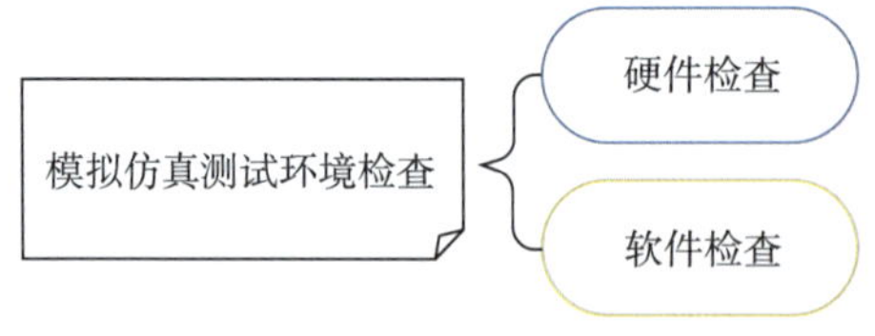

图 13-10　本任务小结

任务十四 AEB 系统仿真测试

任务导入

场景： 某国产自主品牌汽车整车试验部

人物： 主任试验工程师李工、实习试验技师小石

情节： 实习试验技师小石跟随李工完成了智能驾驶模拟仿真测试系统的硬件与软件检查，下面就要开始真正的测试了。今天，李工拿到的工作任务是对新的 AEB 系统进行模拟仿真测试，李工说，AEB 系统需要车辆具有良好的制动能力，实车测试具有一定的难度和危险性，因此是模拟仿真测试的理想对象。下面，请和小石一样，与李工开始进行的测试任务吧。

任务目标

▸ 能按照车辆模拟仿真测试技术要求，与人合作规范制订 AEB 系统模拟仿真工作计划。

▸ 能按照车辆模拟仿真测试技术要求，与人合作规范完成 AEB 系统模拟仿真测试与评价。

任务实施

（一）场地构建

1. 知识学习

（1）模拟仿真测试过程

模拟仿真测试过程一般包括场景构建、传感器建模、控制系统添加、执行测试四个部分，如图 14–1 所示。

情境三

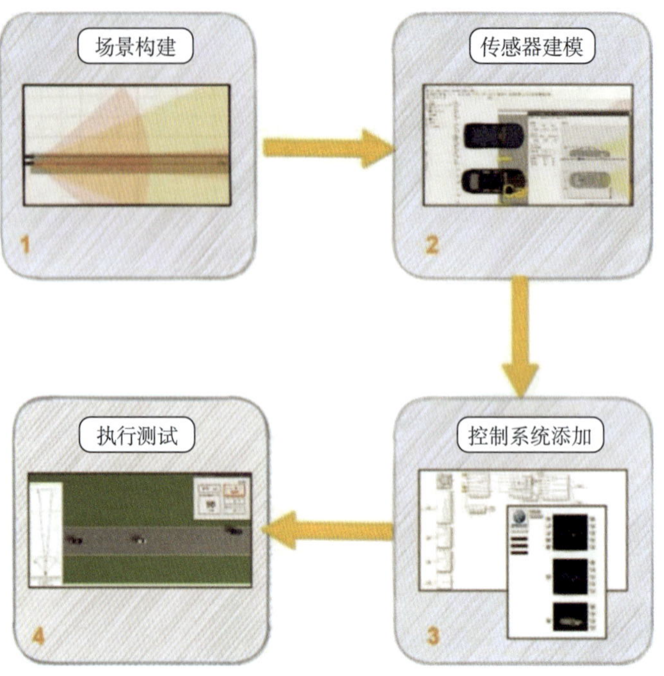

图 14-1　模拟仿真测试过程

1）场景构建

场景是汽车智能驾驶系统测试的最重要因素之一，测试场景构建的准确性与完整性直接决定着测试结果的准确性，因此模拟仿真测试系统应该具备高逼真的场景构建功能和丰富的模型库。此外，模拟仿真测试系统一般会有专门的场景编辑器工具，用以实现测试人员对场景进行快速便捷的组合与搭建。

2）传感器建模

在完成场景构建之后，需对车辆环境感知系统中的传感器进行建模。真实世界中，智能网联汽车使用摄像头、毫米波雷达等环境感知传感器探测目标。在虚拟仿真环境中，模拟仿真测试系统内一般会装有各类参数可调的传感器模型。在模型中，系统不仅可以模拟传感器的“探测功能”，还可以模拟干扰环境对感知结果所造成的影响，例如雾天环境下的摄像头画面等。

3）控制系统添加

控制系统添加是指连接车辆动力学接口、传感器模型接口以及驾驶员模型接口后，为被测对象关联特定的规划决策算法和控制执行算法等控制系统。添加控制系统可使模拟仿真系统中的车辆与驾驶员最大程度地逼近真实世界。

4）执行测试

执行测试的可视化界面中是各种视角下车辆在交通场景中的运行画面，窗口界面的一旁一般会实时显示相关的数据信息，例如车辆当前车速等。执行测试过程中模拟仿真测试系统在进行具有相当规模的数值仿真运算。执行测试即将完成时，模拟仿真测试系统一般会将结果进行数据后处理，生成图形或者表格以便测试人员读取。

（2）模拟仿真测试操作步骤

典型的模拟仿真测试软件一般都具有图形用户界面（GUI，graphic user interface），用以方便测试人员操作，其操作步骤如下。

1）创建任务

具体内容是新建任务或加载现有任务，创建或选择现有场景，配置天气和光照条件。

2）选择参与者

添加测试车辆和其他交通参与者，设置参与者的行动轨迹，为参与者安装传感器模型。

3）运行测试程序

单击程序运行按钮，系统自动生成仿真模型，添加控制系统模型，根据需要可按暂停或继续按钮，控制运行情况，待整个测试结束，显示或输出测试结果。

（3）场地构建方法

在成熟的模拟仿真测试软件中有专门的场景库可供选择使用，测试人员可在现有场景基础上进行自定义修改即可得到计划搭建的测试场景。

1）现有模型加载

典型的场景构建操作界面如图 14–2 所示，在此例所使用的软件中，单击“World”按钮，界面右侧弹出窗口，显示可供选择的各种道路，此外，画面的中心位置为系统自动保存的近期该测试人员所使用的道路模型，可为工作提供操作便利。

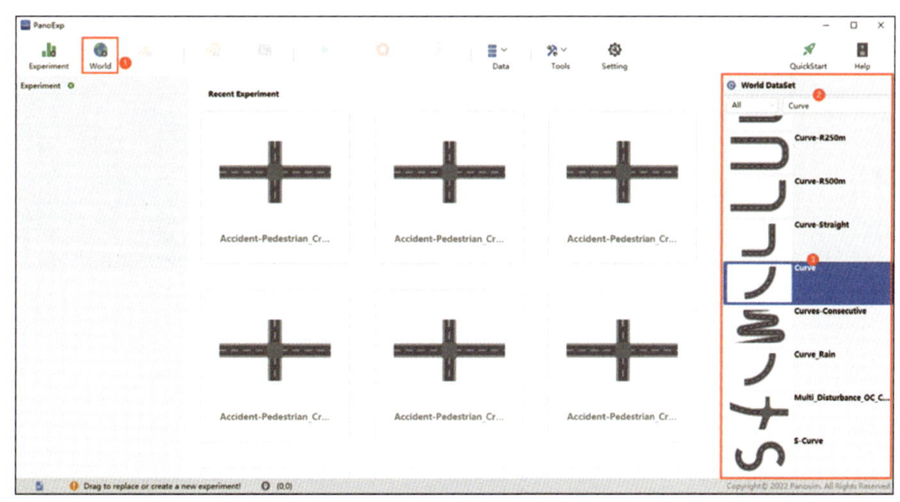

图 14–2　典型的场景构建操作界面

在场景库中选定某一场景后，可通过点选、拖拽等方式，对模型进行选定和加载。图 14–3 所示为模型加载，测试人员可通过拖拽的方式完成“弯道”模型的加载。

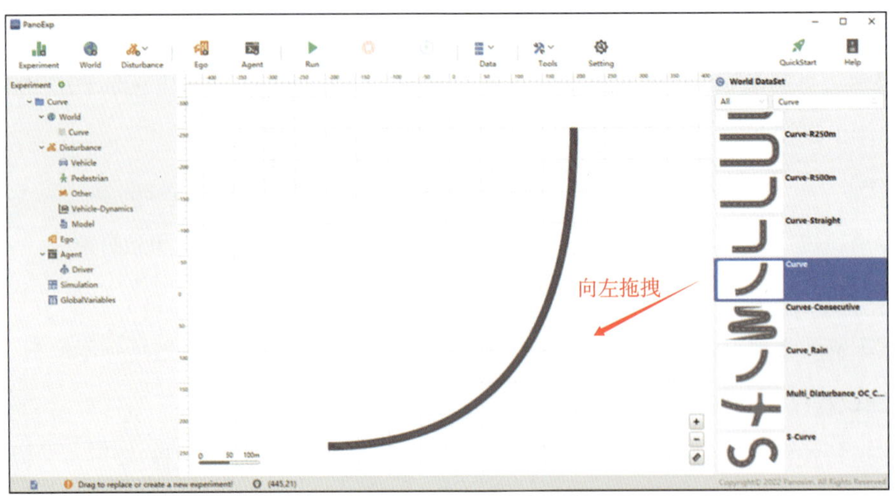

图 14-3　模型加载

2）信息添加

在现有道路模型的基础上，可通过使用带有场景编辑功能的工具修改模型或添加场景信息，可添加的信息包括交通标识牌、信号灯、路障、天气、随机交通流、能见度等。能见度数值调整前后对比如图 14–4 所示。

a）　　　　b）

图 14-4　能见度数值调整前后对比

a）能见度设定值 10　b）能见度设定值 500

（4）AEB 系统仿真测试场地构建

1）场景描述

①目标车辆静止，与主车方向一致，纵向距离为 300 m。

②横向距离偏差不超过 0.2 m。

③主车车速依次为 40 km/h、50 km/h、60 km/h、70 km/h。

④天气为晴天。

⑤光照为白天。

⑥道路为直行车道。

2）场地构建

在图形界面下创建任务，单击相应按键构建道路，并从模型库中导入道路模型，分别如图 14–5 和图 14–6 所示。

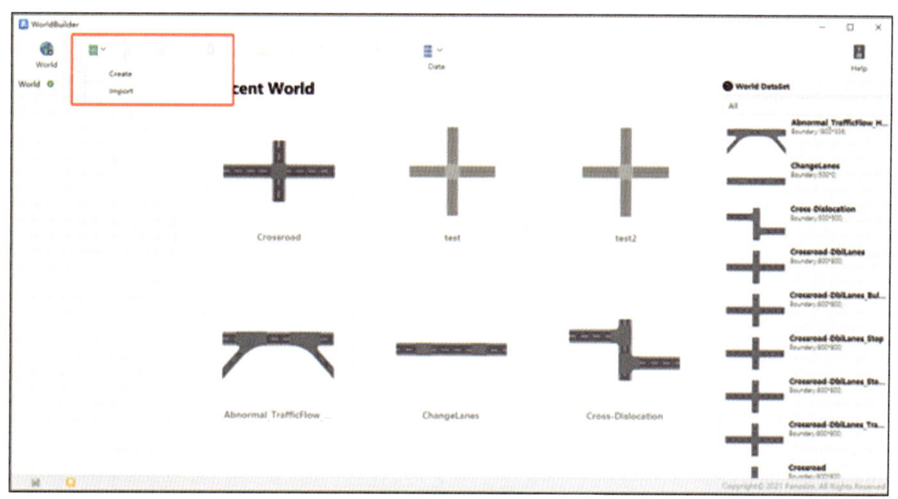

图 14–5　道路创建界面

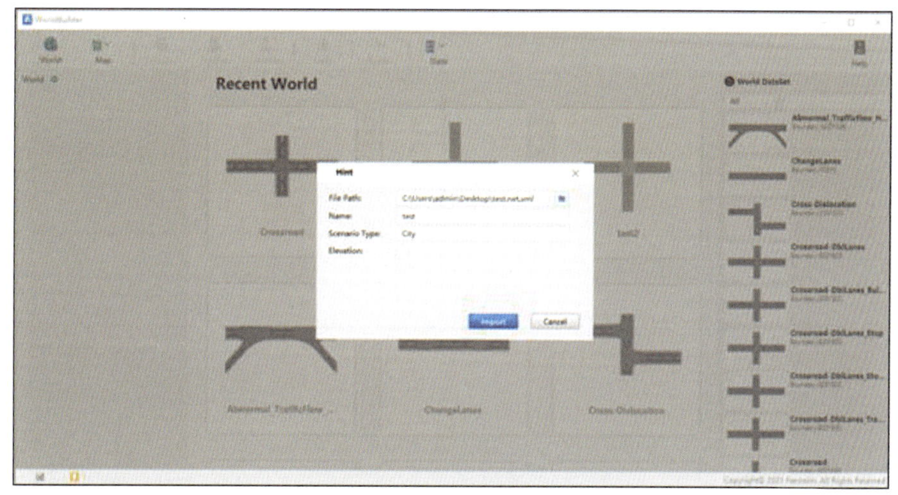

图 14–6　道路模型导入界面

在场地构建界面中对静态要素、交通流、天气及光照强度进行设置。使用其中的“天气（Weather）”默认参数或者选择“晴天（Sunny）”，如图 14–7 所示。对“交通（Traffic）”参数中的交通流车辆密度“Vehicle Density”进行修改，设置为“0”，其他设置为默认值，如图 14–8 所示。最后，通过单击“数据（Data）”按钮选择“Save as”进行保存和重命名操作，如图 14–9 所示。

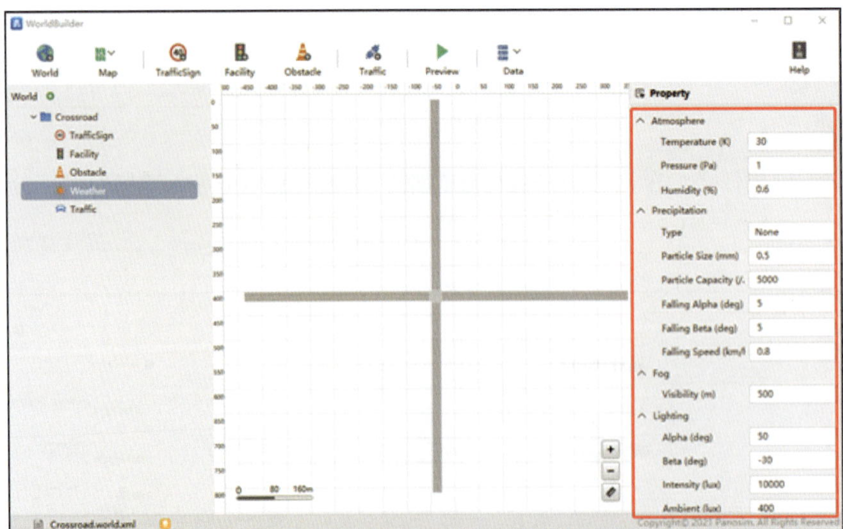

图 14-7　天气（Weather）参数界面

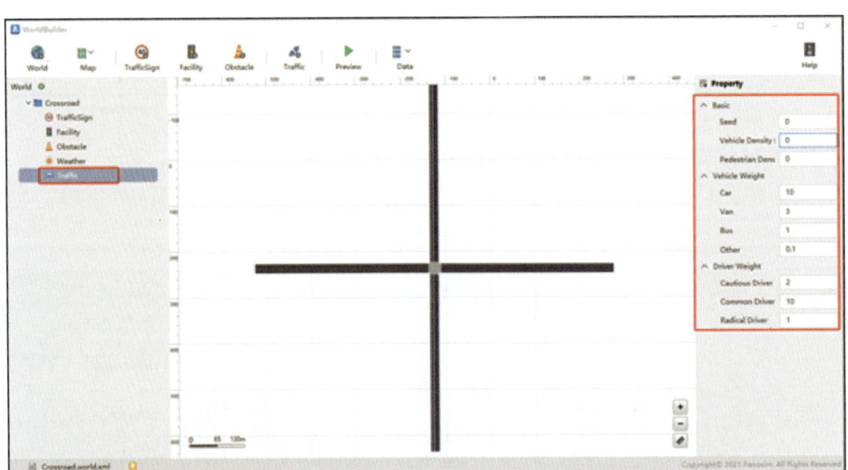

图 14-8　交通（Traffic）设置界面

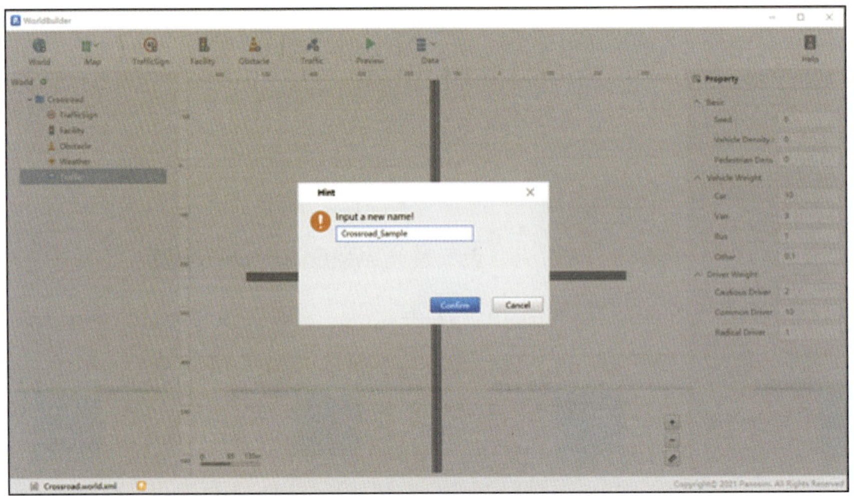

图 14-9　场地保存界面

2. 技能操作

（1）操作准备

准备技能操作所需的物料，见表 14–1。

表 14–1　物料准备

类别	所需物料
教学整车 / 实训平台	具备智能网联汽车测试功能的模拟仿真测试系统
仪器、设备、工具	测试软件产品手册

（2）模拟仿真测试计划制订

按照测试软件产品手册，对 AEB 系统模拟仿真测试任务进行工作步骤的规划，将工作内容记录在表 14–2 中。

表 14–2　工作记录表

序号	工作步骤	工作内容	备注
1	创建测试任务	任务名称：	
2			
3			
4			
5			
6			
7			
8			
9			
10			
11			
12			

（3）模拟仿真测试场地构建

按照测试软件产品手册，在模拟仿真测试软件中对 AEB 系统模拟仿真测试进行场地构建，将工作内容记录在表 14–3 中。

表 14-3　工作记录表

序号	工作项目	完成情况检查	工作内容
1	是否完成道路构建	是□　否□	道路类型：
2	是否完成天气设置	是□　否□	天气类型： 天气参数：
3	是否完成交通流设置	是□　否□	交通流参数：
4	是否完成场地设置保存	是□　否□	场地文件的名称：

（二）综合测试

1. 知识学习

（1）模拟仿真软件组合

汽车模拟仿真测试综合运用了汽车行驶环境模拟技术、智能汽车环境传感器建模技术、车辆动力学建模技术、一体化模拟仿真技术等计算机技术，每一项技术在计算机算法、数据管理等方面都分属专门的技术领域，目前主流的各类模拟仿真软件在技术上各有所长。因此，在对车辆进行模拟仿真综合测试时，主流的做法是将两到三个模拟仿真软件进行组合使用。为了便于操作，一些模拟仿真软件将另外一个软件的操作界面融合进了自身的人机交互界面，实际上后台是软件之间的分工协作，共同完成工作。

在软件组合中，常见的是汽车类专门仿真软件与 SIMULINK 软件联合使用。图 14-10 所示为 AEB 系统测试中的仿真软件组合。

在 PanoSim 软件中建立行驶环境模型，包括道路、天气、路面等场景，以及干扰车辆和行人等障碍物的位置及运动行为。在 SIMULINK 软件中建立传感器模型，包括摄像头和毫米波雷达模型，输出目标检测结果；建立目标识别模块，根据目标识别算法识别前方的障碍物，并产生障碍物的运动信息；建立 AEB 系统控制算法模块，根据前方障碍物的信息评估碰撞风险，并输出相应的控制命令；建立驾驶员模型，模拟驾驶员转向与制动操作；建立执行模块，包括转向与制动执行操作；建立车辆动力学模型，根据执行模块的转向和制动执行命令，输出相应的车辆运动轨迹。

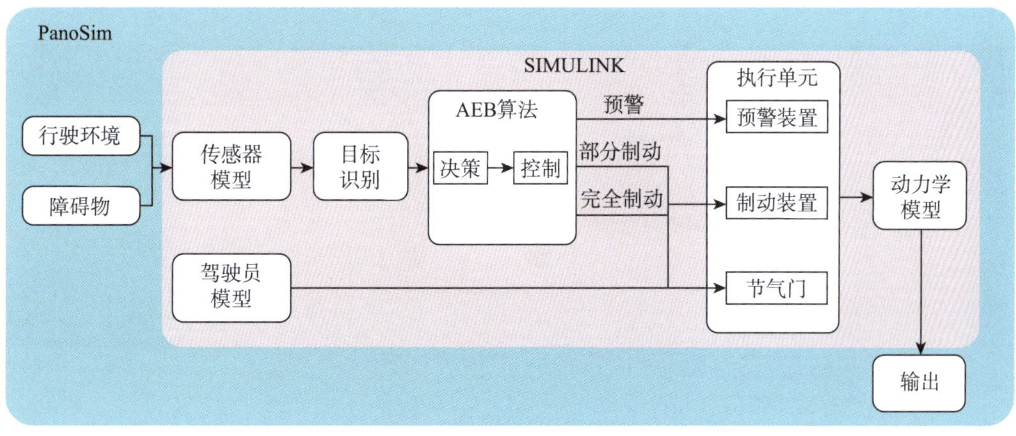

图 14-10　AEB 系统测试中的仿真软件组合

在软件组合中，各类专门软件通常不单是接口之间的连接，而是存在套嵌使用的关系。如图 14-11 所示，模拟仿真软件 PreScan 负责传感器仿真与场景仿真，SIMULINK 和 MATLAB 软件负责车辆控制算法的部署与运行，其中 SIMULINK 和 MATLAB 软件中又调用由以 SIMULINK 为平台的 carSIM、dSPACE 等专门汽车动力学软件进行车辆模拟。在这个软件组合中，PreScan 软件传递给 SIMULINK 软件传感器数据，SIMULINK 软件传递给 PreScan 软件车辆运动状态。

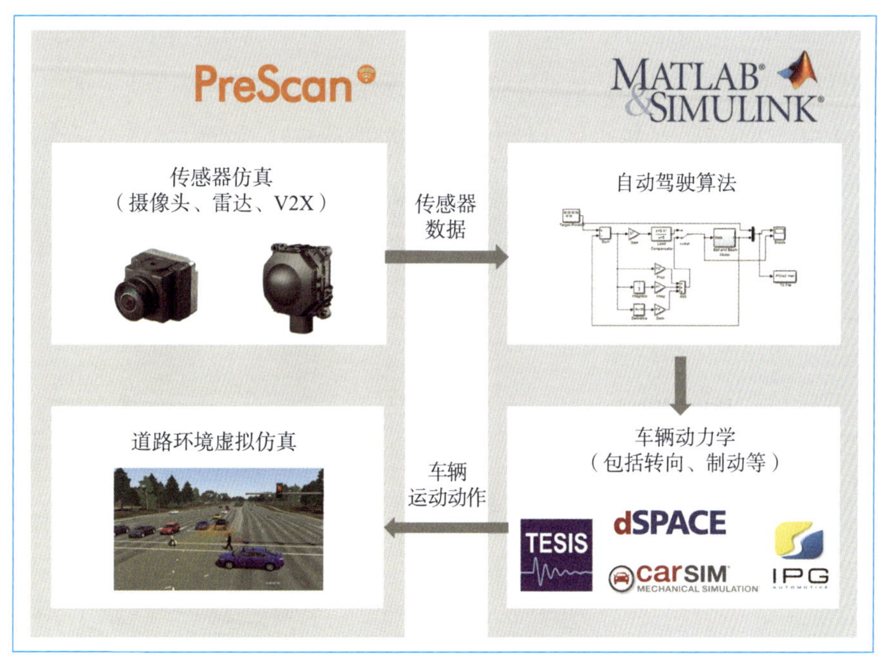

图 14-11　软件组合示例

（2）车辆构建与传感器构建

1）车辆构建

车辆构建是指测试前对测试车辆进行数据标定或者针对测试车辆重新构建车辆模型，构建时可对模拟仿真系统自带的车辆模型参数进行修改，如图 14-12 所示。

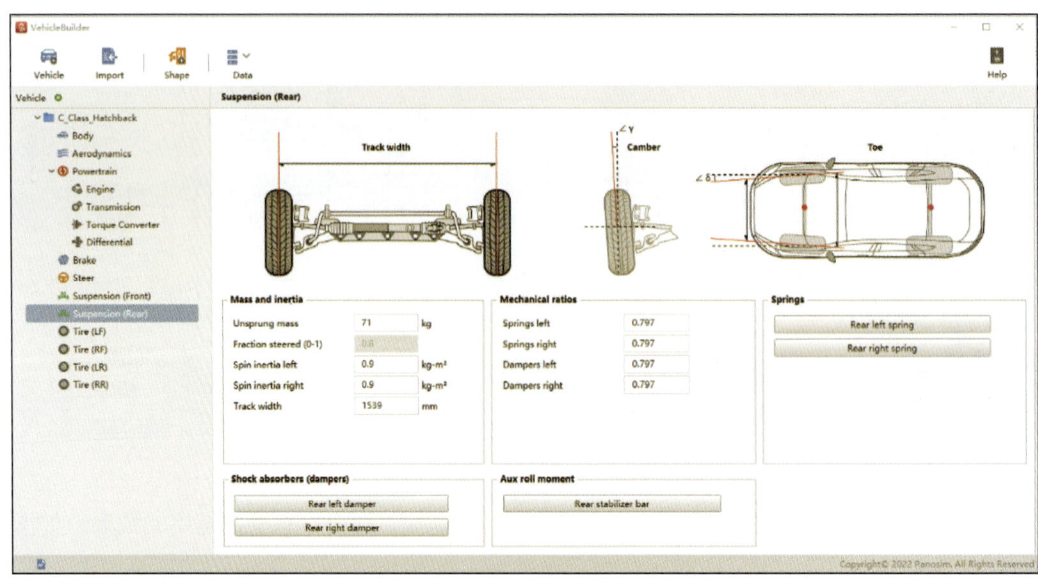

图 14-12　车辆构建界面

2）传感器构建

传感器构建模块支持对导入的车辆模型配置传感器。在软件中使用鼠标左键单击“工具”按钮，并选择传感器构建模块，其操作界面如图 14-13 所示。

在 AEB 系统测试中，一般选用毫米波雷达探测障碍物，在工具栏中单击“雷达（Radar）”按钮，在右侧弹出的属性栏中选择相应的雷达模型，将其拖至操作界面中的汽车模型上，如图 14-14 所示。可对雷达参数进行设定，方法为在传感器属性栏中对其参数进行修改。如图 14-15 所示为将毫米波雷达安装位置参数“*X*”设置为“0.75”，安装位置参数“*Z*”设置为“0.75”，探测范围参数设置为“200”，水平视场角修改为“90°”，垂直视场角设置为“60°”。设置完毕后，需进行命名和保存操作。

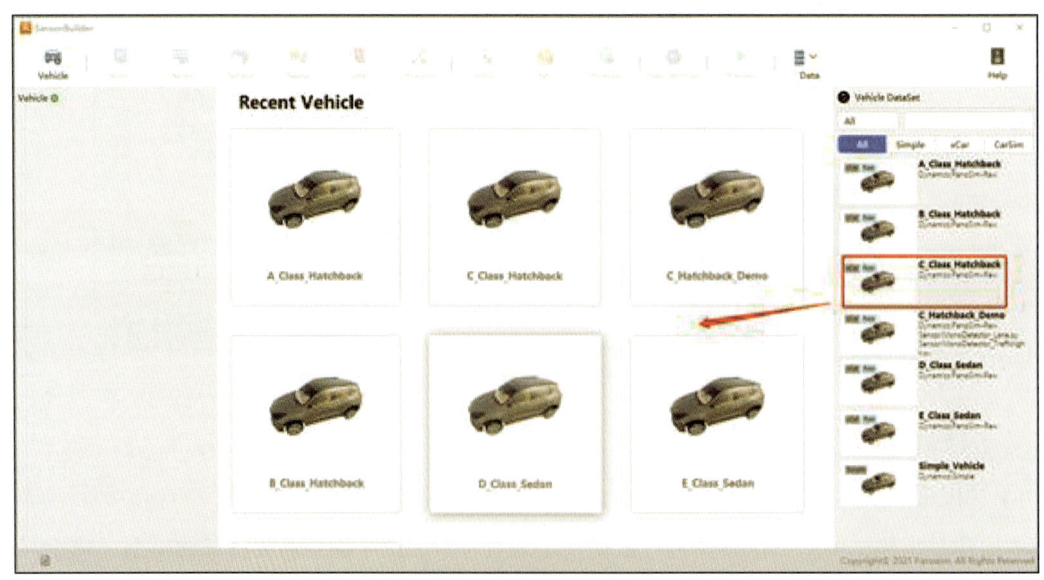

图 14-13　传感器构建操作界面

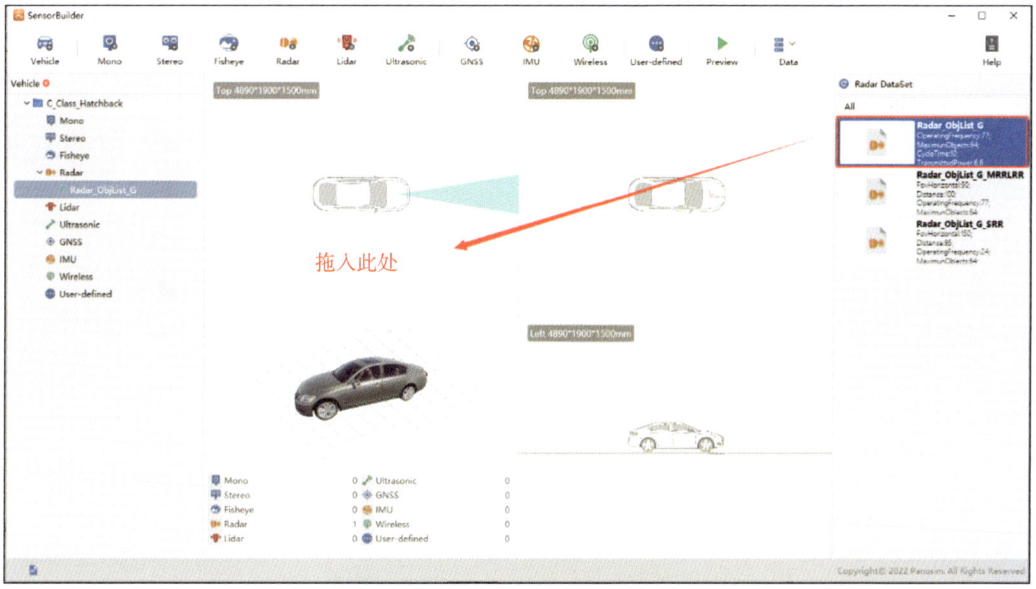

图 14-14　雷达加载界面

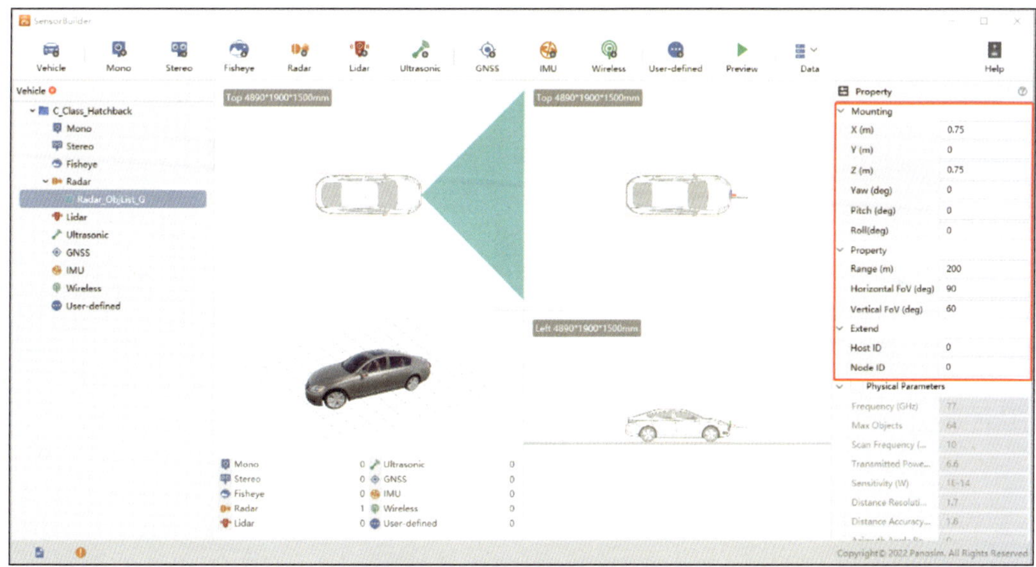

图 14-15　雷达参数设置界面

（3）场景构建与算法添加

1）场景构建

①设置目标车辆位置

将车辆拖入主界面放置在规定的车道位置，设置其位置参数并画出目标车辆轨迹，分别如图 14-16 和图 14-17 所示。

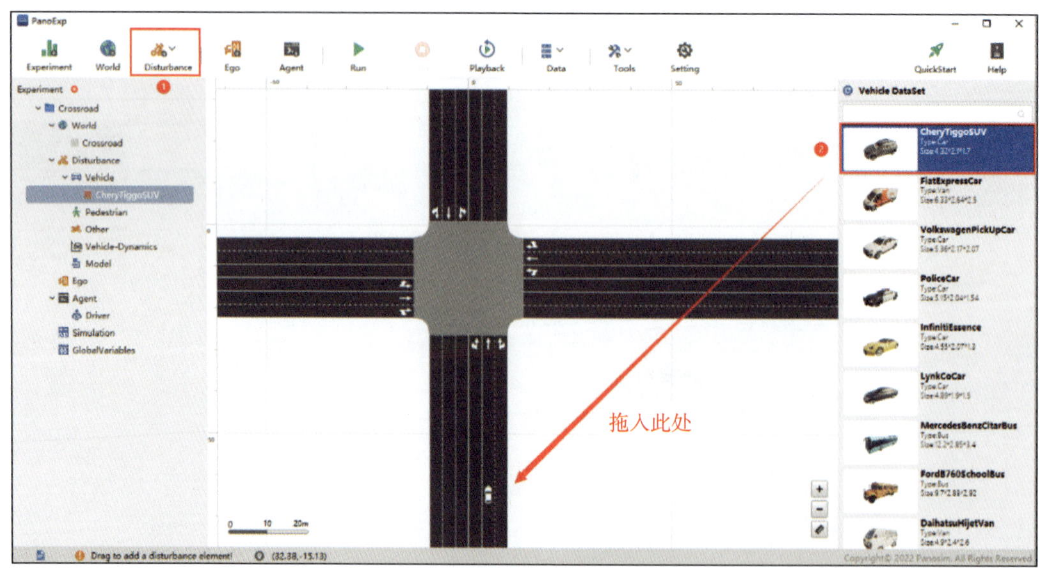

图 14-16　目标车辆拖放

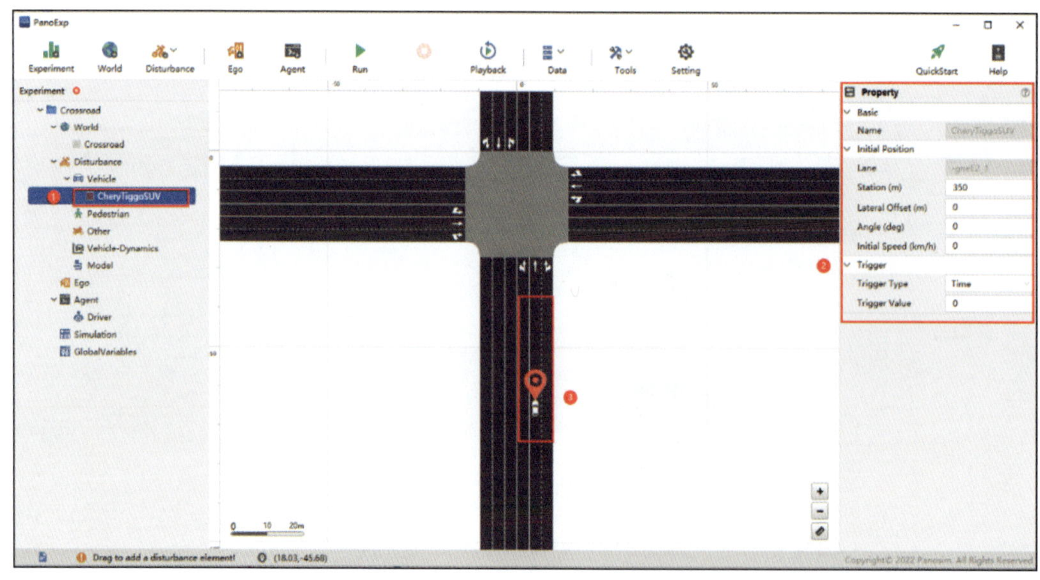

图 14-17　目标车辆轨迹及参数设置

②确定主车位置

将主车拖入主界面，放置在车道相应位置，根据测试要求进行参数设置，分别如图 14-18 和图 14-19 所示。

2）算法添加

在软件相应位置添加算法，如图 14-20 所示，选中右侧栏中“AEB_Python”算法并使用鼠标将其拖入主界面中，完成算法添加。

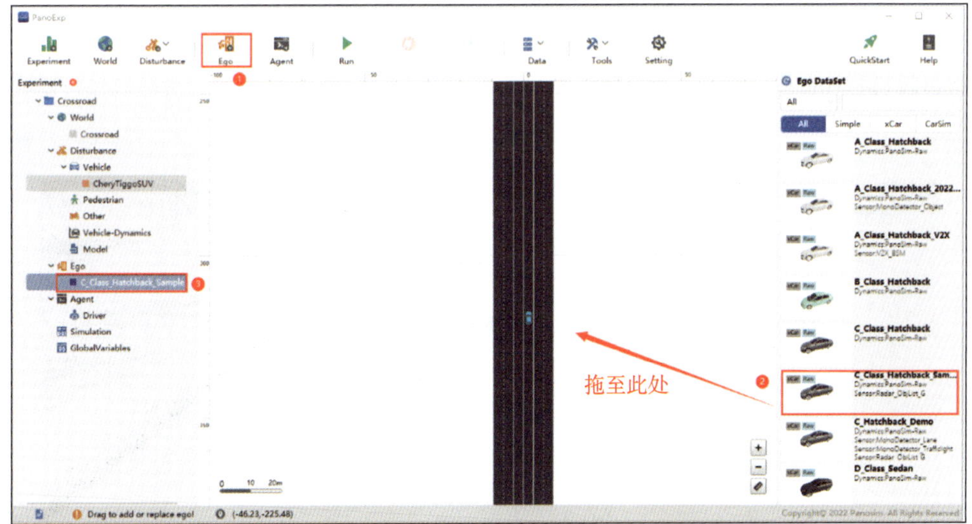

图 14-18　主车放置

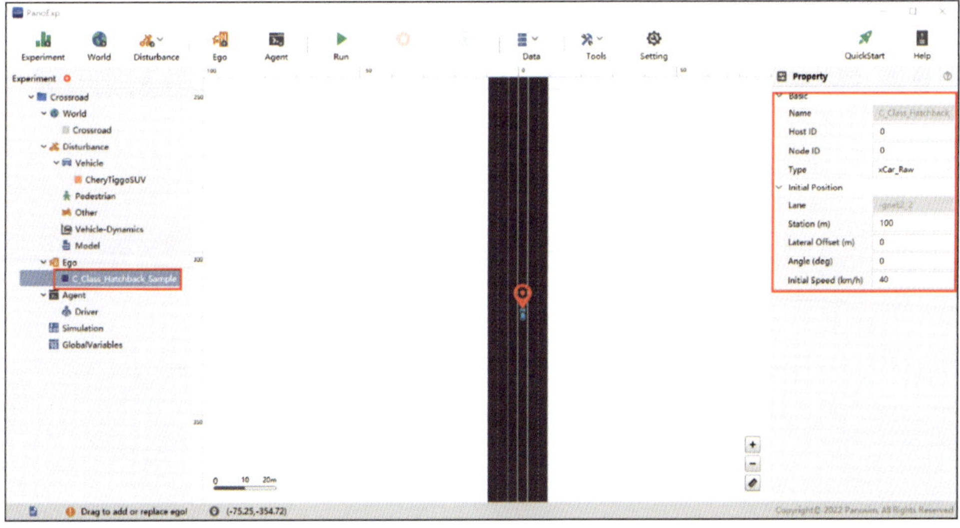

图 14-19　主车参数设置

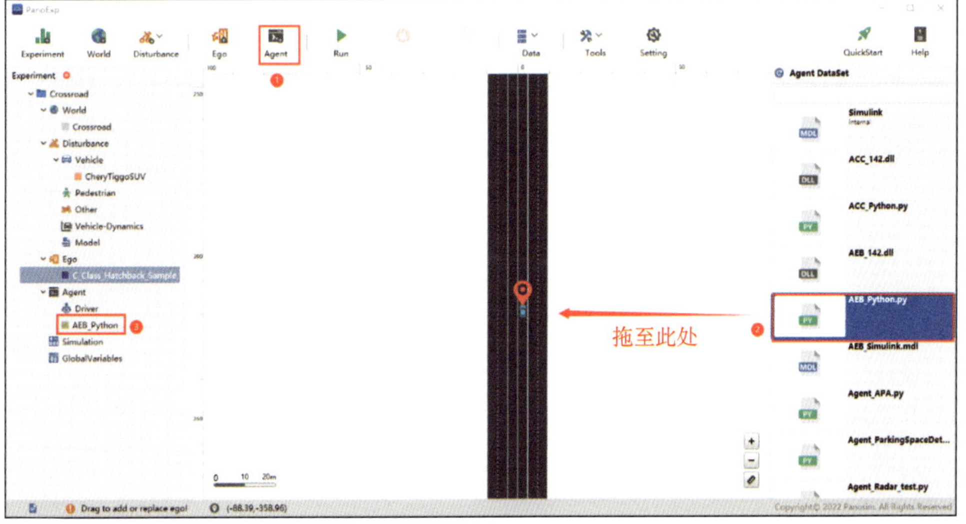

图 14-20　AEB 系统算法添加

（4）测试运行与数据分析

单击运行按键“Run”，在界面窗口观察 AEB 系统运行效果，如图 14–21 所示。

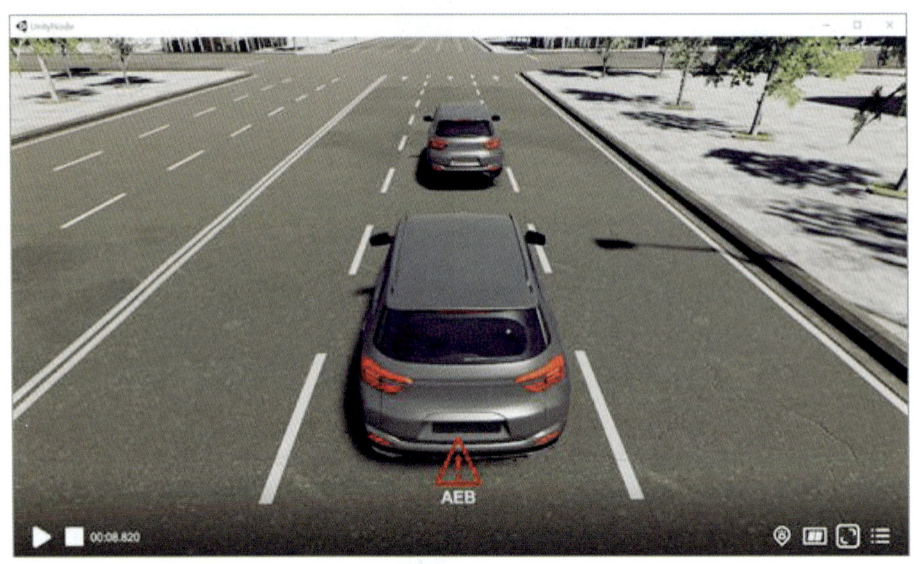

图 14–21 AEB 系统运行效果

使用软件的模块可对数据进行存储与分析，包含主车姿态信息、主车动力学信息以及全局变量信息，如图 14–22 所示。测试软件中一般还有批量测试功能，可以设置主车不同车速，一次性完成多个测试。

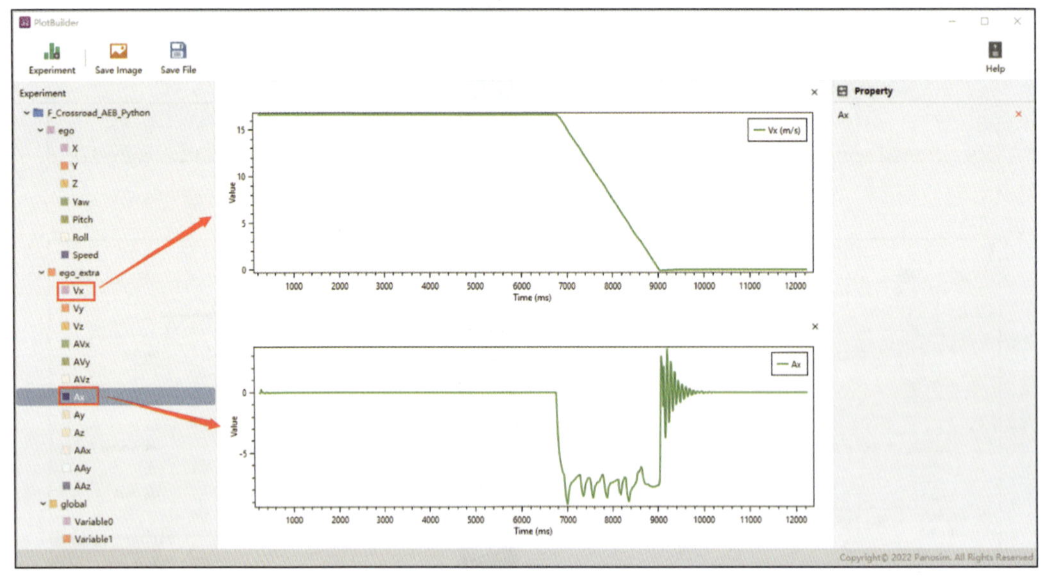

图 14–22 结果图形绘制界面

在对 AEB 系统测试结果进行评价时，可从舒适性和安全性两个维度进行综合评价，测试人员可以设置相应权重并输出相应的测试报告。

2. 技能操作

（1）操作准备

准备技能操作所需的物料，见表 14–4。

表 14–4　物料准备

类别	所需物料
教学整车 / 实训平台	具备智能网联汽车测试功能的模拟仿真测试软件
仪器、设备、工具	测试软件产品手册

（2）车辆构建与传感器构建

按照测试软件产品手册，对 AEB 系统模拟仿真测试进行车辆构建与传感器构建，将工作内容记录在表 14–5 中。

表 14–5　工作记录表

序号	工作项目	完成情况检查	工作内容
1	是否完成车辆载入	是□　否□	
2	是否完成车辆模型修改	是□　否□	
3	是否完成传感器载入	是□　否□	
4	是否完成传感器位置设定	是□　否□	
5	是否完成传感器性能参数设定	是□　否□	

（3）场景构建与算法添加

按照测试软件产品手册，对 AEB 系统模拟仿真测试进行场景构建与算法添加，将工作内容记录在

表 14-6 中。

表 14-6 工作记录表

序号	工作项目	完成情况检查	工作内容
1	是否完成目标车放置	是□ 否□	
2	是否完成目标车参数设置	是□ 否□	
3	是否完成主车放置	是□ 否□	
4	是否完成主车参数设置	是□ 否□	
5	是否完成算法添加	是□ 否□	

（4）测试运行与评价

按照测试软件产品手册，对 AEB 系统模拟仿真测试进行运行与结果评价，将工作内容记录在

表 14–7 中。

表 14–7 工作记录表

序号	工作项目	完成情况检查	工作内容
1	测试系统可否正常运行	是□ 否□	
2	界面窗口显示是否正常	是□ 否□	
3	是否完成测试结果输出与图表绘制	是□ 否□	
4	是否完成测试结果评价	是□ 否□	

检查评估

对本任务的学习情况进行检查，并将相关内容填写在表 14–8 中。

表 14–8 检查表

检查项目	检查结果	结果点评
场地构建		
是否能规范讲解模拟仿真过程	是□ 否□	
是否合理制订测试计划	是□ 否□	
是否规范完成 AEB 系统仿真测试场地构建	是□ 否□	
综合测试		
是否能正确讲解软件组合测试	是□ 否□	
是否规范完成车辆构建	是□ 否□	
是否规范完成测试结果输出与评价	是□ 否□	

续表

检查项目	检查结果	结果点评
整理恢复及其他		
是否将工具、设备整理恢复	是□ 否□	
是否将工作页填写完整	是□ 否□	
是否将实训工位打扫干净	是□ 否□	

任务小结

本任务小结如图 14–23 所示。

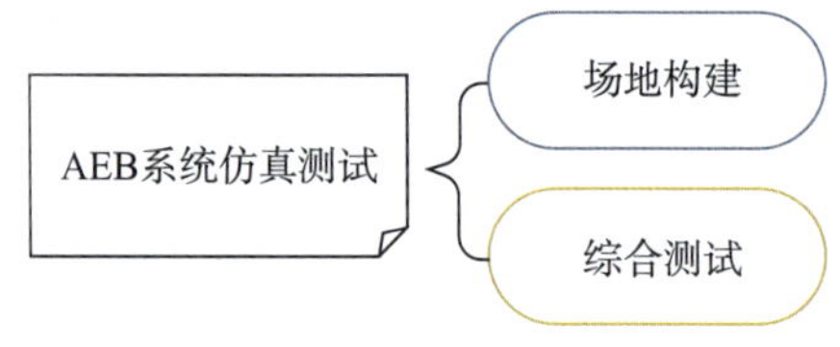

图 14–23 本任务小结